太阳能生态城市建设系列丛书
CONSTRUCTION ON SOLAR ECO-CITY SERIES

汪光焘　主编

吐鲁番市新区新能源示范项目建设实施与运行评估

CONSTRUCTION IMPLEMENTATION AND OPERATION EVALUATION OF THE NEW ENERGY DEMONSTRATIVE PROJECT IN TURPAN'S NEW DISTRICT

焦　舰　包延慧　王　信　主编

中国建筑工业出版社
CHINA ARCHITECTURE & BUILDING PRESS

图书在版编目（CIP）数据

吐鲁番市新区新能源示范项目建设实施与运行评估 =
CONSTRUCTION IMPLEMENTATION AND OPERATION
EVALUATION OF THE NEW ENERGY DEMONSTRATIVE PROJECT
IN TURPAN'S NEW DISTRICT / 焦舰，包延慧，王信主编
. —北京：中国建筑工业出版社，2020.12
　（太阳能生态城市建设系列丛书 / 汪光焘主编）
　ISBN 978-7-112-25580-1

　Ⅰ.①吐… Ⅱ.①焦… ②包… ③王… Ⅲ.①新能源
—基本建设项目—项目管理—吐鲁番市 Ⅳ.①F426.2

中国版本图书馆CIP数据核字（2020）第235175号

　　　本书是北京市建筑高能效与城市生态工程技术研究中心组织编写而成，主要讲述了
新疆维吾尔自治区吐鲁番市新区新能源示范项目建设实施与运行后评估的各项内容。
　　　全书共四章内容，包括：吐鲁番市新区项目概述、吐鲁番市新区一期起步区
实施运行情况总结、吐鲁番市新区一期起步区实施运行后评估、建成实录，适合
广大建筑设计、规划和工程技术人员阅读使用。

　责任编辑：张伯熙　曹丹丹
　责任校对：张惠雯

太 阳 能 生 态 城 市 建 设 系 列 丛 书
CONSTRUCTION ON SOLAR ECO-CITY SERIES
汪光焘　主编
吐鲁番市新区新能源示范项目建设实施与运行评估
CONSTRUCTION IMPLEMENTATION AND OPERATION
EVALUATION OF THE NEW ENERGY DEMONSTRATIVE PROJECT
IN TURPAN'S NEW DISTRICT
焦　舰　包延慧　王　信　主编
*
中国建筑工业出版社出版、发行（北京海淀三里河路9号）
各地新华书店、建筑书店经销
北京锋尚制版有限公司制版
临西县阅读时光印刷有限公司印刷
*
开本：889毫米×1194毫米　1/20　印张：7⅗　字数：142千字
2022年4月第一版　　2022年4月第一次印刷
定价：**128.00**元
ISBN 978-7-112-25580-1
　（36659）

序言 Introduction

　　人类社会在高速地发展，煤炭和石化等传统能源在大量地消耗，气候变化问题威胁着人类社会的可持续发展。调整发展模式是应对气候变化的根本，中国高速城市化的发展更需要创新能源利用方式。推动能源生产和消费革命，推动能源供给革命，建立多元供应体系，是中国政府在当前形势下提出的要求。国家将立足国内多元供应保安全，大力推进煤炭清洁高效利用，着力发展非煤能源，形成煤、油、气、核、新能源、可再生能源多轮驱动的能源供应体系，同步加强能源输配网络和储备设施建设。

　　新疆维吾尔自治区吐鲁番市新区项目，自2008年开始前期研究，2009年批准实施，2014年全面投入使用，至今已有多年。吐鲁番市新区项目坚持建筑与太阳能发电结合，同步设计、同步施工、同步交付使用，实践验证达到了预期效果。可以讲，吐鲁番市新区项目是国内甚至国际上可再生能源利用具有相当规模的面向广大普通市民居住的经济适用房新区。在此，我们参与吐鲁番市新区项目研究、规划、设计、施工的队伍，对比原始构思和创意，对该项目进行后评估的同时，还邀请同济大学伍江副校长任负责人，组织清华大学、北京大学、中国科学院电工研究所的院士、教授和专家对该项目进行了评估。目的是希望通过总结项目经验和改进措施，促进新能源供给比例的提高，推进国家能源结构调整，推进节能城市建设，实现减少碳排放和应对气候变化的承诺。

　　当前，中国提出了"二氧化碳排放力争于2030年前达到峰值，努力争取2060年前实现碳中和"的目标，《吐鲁番市新区新能源示范项目建设实施与运行评估》一书的出版，对推进落实"双碳"目标有一定的积极作用。

一、吐鲁番微电网示范项目的现实意义

以吐鲁番市新区为试点，以可再生能源规模化利用为重点，开展可持续城市发展模式的新探索。该项目被列为第一个国家新能源示范城市，成为国内第一个智能光伏微电网试点项目及第一个太阳能发电分布式发供电系统的试点项目。

该项目进展一直受到中央领导的关心和支持。2013年初，当出现光伏制造业困难时，国家领导人就新区进展作出过批示，要求国家发展和改革委员会组织有关部门，总结该示范项目的经验，研究光伏制造业如何开拓国内市场。

（一）新能源发电成本降低，电价补贴逐年降低并最终退出，发展进入快车道

伴随着太阳能电池效率持续提升，太阳能电池组件成本也在大幅下降。2010年底我国太阳能电池组件的平均成本为1.2～1.4美元/W，2014年底降至0.62美元/W以下，2015年我国太阳能电池组件平均价格为0.568美元/W。2020年，我国太阳能电池组件平均价格为0.23美元/W。

在2010～2020年，太阳能电池组件成本最多下降了约82%，太阳能电池效率提升了约30%，与之相对应，并网光伏发电站的单位千瓦动态投资由2010年的20000元左右降至2019年底的3600元左右。

2008年至今，国家发展和改革委员会对该项目两次批复电价，两次特许权招标，八次发布标杆电价（指导电价），十个电价文件，十二次电价调整，中国光伏发电上网电价从4元/kWh降到0.35元/kWh，每次光伏发电的电价调整，都是中国光伏发展的里程碑节点。

2020年3月31日，国家发展和改革委员会印发的《关于2020年光伏发电上网电价政策有关事项的通知》（发改价格〔2020〕511号）文件中规定：将纳入国家财政补贴范围的Ⅰ～Ⅲ类资源区新增集中式光伏电站指导价，分别确定为0.35元/kWh（含税，下同）、0.4元/kWh、0.49元/kWh。受益光伏系统投资不断降低，2019年部分地区已实现发电侧平价上网，在绝大部分地区已实现售电侧平价销售。2020

年，光伏发电即将脱离对补贴的依赖。

（二）风电光伏装机占比将逐年加大

2019年电力装机容量20.1亿kW，其中近60%是煤电。电力需求从2000年的1.4万亿kWh增长到2019年的7.2万亿kWh。然而在过去几年中电力装机大幅增长，电力需求增速却有所放缓。因此，我国电力行业出现阶段性产能过剩，特别是煤电利用小时数显著降低。

因此，我国已将调整电力供应结构作为电力系统优化的工作重点，其主要目标是逐步减少煤炭在电力装机中所占比例，增加可再生能源、天然气和核电装机，能源结构向多元化发展。

根据国务院印发的《2030年前碳达峰行动方案》，到2025年，非化石能源消费比重达到20%左右，单位国内生产总值二氧化碳排放比2020年下降18%；到2030年，非化石能源消费比重达到25%左右，单位国内生产总值二氧化碳排放，比2005年下降65%以上，风电、太阳能发电总装机容量达到12亿kW以上。

随着清洁能源发电技术迅速发展和主设备成本逐年降低，新能源装机比例逐年上升；更有电动汽车、清洁供暖、电力储能、能源互联网、氢能等新技术的推广和应用。致使传统的"发、输、配、售"的电力系统在技术上无法适应大规模波动性可再生能源接入，在市场交易模式上无法满足由上述新技术应用而带来的双向能量交易需求。现有电力系统灵活性不足和交易模式不匹配的问题日益突出。吐鲁番市新区项目"自发自用，余电上网，电网调剂，双向计量"的创新管理运营方式，对未来包含光伏在内的综合能源项目具有很好地指导借鉴意义，对我国能源结构调整产生深远的影响。

二、吐鲁番微电网示范项目概况

吐鲁番市新区作为新能源示范城市，是对城市低碳发展的整体思考和实践。

项目研究节约能源和利用可再生能源，实现发电中心和用电中心的结合，着重以太阳能光电、光热为主导，之后还要考虑预留与生物质能源的结合条件。同时，项目以城市规划引领、以建筑设计展开，以创新体制、机制来实现。

通过对项目实施运行情况的总结，可以将项目的意义汇总为以下几点：

1. 近300栋多层住宅光电光热建筑一体化，能够实现居民用电总量平衡自给有余的目标，具有重要指导价值。据了解，目前各类示范区的建设，事前有专题研究，以此制定规划、开展设计，在事后开展评估的项目为数极少。

2. 以保障房作为载体研究改善居住条件。全面采用地源热泵技术，在吐鲁番地区气候条件以及在居民可承受能力条件下，让入住居民享用冬季供暖、夏季供冷的生活条件，充分体现党和政府高度重视民生。

3. 在戈壁上建立的新区一期起步区，地域面积为1.43km^2，利用自然规律（坎儿井晒水灌溉农业），生态环境明显改善，创造宜居城市，符合以人为核心的新型城镇化要求，符合中央城镇化和城市工作会议精神。

4. 吐鲁番市位于我国丝绸之路重要起点乌鲁木齐市的经济带核心地区，新能源示范项目的成功，已吸引民营企业产生将吐鲁番作为向西开拓发展新能源基地的动机和探索，也成为吐鲁番发展的新机遇。同时，针对项目的不足之处，还提出了继续光电建筑一体化研究、电动汽车电池开发、落实中央电力改革要求的建议，以及建议新疆维吾尔自治区支持吐鲁番借助新区的优势调整产业结构等意见。

根据我国太阳能资源分布状况，在我国2/3面积范围的太阳能资源条件与吐鲁番的太阳能资源条件相当或更好，新区模式可复制的范围很广。"十三五"是全面建成小康社会的决胜时期，无论从"自治区和谐生态城区和城乡一体化示范区"还是从"新能源示范区"来讲，总结吐鲁番市新区项目示范的经验和不足，落实中央一系列指示要求，对推动能源改革和节能城市建设具有现实意义，对指导今后工作的开展有重要的积极作用。将吐鲁番市新区项目进行总结和评价，可为项目经验的推广打下坚实基础。

最后，我真诚地感谢所有参与吐鲁番市新区项目的同事们，你们的创新精神和勤奋工作给我们鼓励和信心。我们是来自不同部门和岗位的专业科技人员，自觉地组织起来，共同走在探索应用新能源的征途上。我们经常回味与吐鲁番当地的同志们共同工作的日日夜夜，虽然有的领导同志和工作人员已经离开了吐鲁番市新区项目的工作岗位，我相信你们看到，过去的沙漠地上建设起一个新城区，夜间的灯光带动着各民族的喜悦，会照亮你的心。这里也包括了龙源吐鲁番新能源有限公司、国家电网以及承担工程建设的公司员工。我们记得本项目工作开展得到国家发展和改革委员会等国家机关和北京市科学技术委员会等委办局的支持。我们还想起支持我们工作的各位朋友，第十一届全国人大环境与资源保护委员会的同事，国际欧亚科学院中国科学中心的同伴等。我们特别怀念已故的张国宝同志，时任国家发展和改革委员会主任兼国家能源局局长的他，亲自主持专门会议听取新疆维吾尔自治区和吐鲁番市有关人员的汇报，作出将该项目列为国家新能源示范项目的决策，并安排国家能源局有关的领导和同志协调推进，他自己还专程去现场指导工作。

吐鲁番市新区项目，从开始筹划到该项目建设实施与运行评估的全过程资料，汇编成五册图书，到正式出版这第五册书的今天，项目组的成员单位同事们孜孜不倦地努力工作，我们衷心祝愿从事新能源的同志们，将光伏与建筑一体化的新能源技术道路越走越宽广。

汪光焘

前言 Preface

"太阳能生态城市建设系列丛书"于2013年出版了四册,前三册是基于新疆维吾尔自治区吐鲁番市新区项目的实践经验,分别从城市规划及建筑设计、智能微电网、气象预测等方面,对以太阳能利用为主的生态城市建设工作进行的总结和提炼,第四册是对国内外近几十年生态城建设经验的分析与思考。

本书是"太阳能生态城市建设系列丛书"的延续,是针对新疆维吾尔自治区吐鲁番市新区一期起步区后期运行情况的评估和总结,是用实际效果验证早期研究结论的成果展现。

吐鲁番市新区是被新疆维吾尔自治区人民政府划为"自治区和谐生态城区和城乡一体化示范区"的项目,国家能源局于2010年4月将其列为创建国家新能源示范城市,国家发改委、国家能源局、国家电监会于2012年1月将其列为新疆维吾尔自治区吐鲁番新能源城市微电网示范项目。

吐鲁番市新区一期起步区于2010年5月正式开工建设,2014年底基本完成保障性住房及配套设施的工程建设,住户陆续入住。到2015年底,整个社区已呈现一定活力。为验证项目的实施效果,新区的研究咨询团队于2015年下半年,启动了起步区实施后运行效果的验证总结工作,并邀请第三方评估团队开展客观性的科学评估。

吐鲁番市新区一期起步区作为全面运用太阳能、最具规模的多层住宅楼光电光热建筑一体化项目之一,其实施无论从改变城市能源供应结构的调整,减少城市碳排放,还是促进城市发展模式的转变而积极应对气候变暖等,都有重要意义。

本书是在国际欧亚科学院中国科学中心立项,在汪光焘先生的带领下,由北京市建筑高能效与城市生态工程技术研究中心^①统筹完成。本书内容共分四个部分：**第一章**是吐鲁番市新区项目概述，简要介绍新区项目的前期研究、规划设计和建设实施情况。**第二章**是吐鲁番市新区一期起步区实施运行情况总结，由北京市建筑高能效与城市生态工程技术研究中心组织多专业研究咨询团队对新区一期起步区的微电网系统、地源热泵系统和绿色交通系统三个方面开展实施运行情况的调查和总结。**第三章**是吐鲁番市新区一期起步区实施运行后评估，由第三方单位同济大学牵头，组织清华大学、中国科学院、北京大学等知名科研机构的权威专家从客观角度对新区的太阳能建筑、清洁能源利用、低碳发展、环境绩效等多个层面和角度开展定性、定量评估。**第四章**是建成实录，收录了吐鲁番市新区一期起步区的相关文献清单和一些建成后的实景照片。

在本书的编写过程中，得到了吐鲁番市新区政府、实施单位的大力支持和帮助，他们提供了吐鲁番市新区的基础资料，确保了评估工作的准确性。要特别感谢那些在背后为此书默默奉献的同仁们，以及中国建筑出版传媒有限公司的大力配合，在此一并表示感谢。

---

① 北京市建筑高能效与城市生态工程技术研究中心，于2014年6月经北京市科学技术委员会批准成立。中心的依托单位为：北京市建筑设计研究院有限公司，共建单位为：国际欧亚科学院中国科学中心、中国电子工程设计院有限公司、中国气象局风能太阳能资源中心（现为：中国气象局风能太阳能中心）和中国城市规划设计研究院。中心属于跨学科、跨领域、跨单位的综合性研究机构，整合城市规划、建筑学、气象预测、微电网等专业的优势资源，开展建筑高能效与城市生态领域的科研与咨询工作。

本书由焦舰总体主持编写，各部分编写分工见下表：

《吐鲁番市新区新能源示范项目建设实施与运行评估》编写分工

章节名称			章节分工	主持及统稿
第一章 吐鲁番市新区项目概述			**包延慧、高渝斐汇总**	
一、项目概况			焦舰、包延慧、高渝斐	
二、前期研究			焦舰、包延慧、于金辉、申彦波	
三、规划设计	（一）吐鲁番市新区规划		蔡云楠、唐勇、彭小雷、杨玉奎、荆万里	
	（二）绿色交通系统设计		蔡云楠、张晓明、杨玉奎、周茂松	
	（三）保障性住房的建筑设计	1. 太阳能建筑一体化设计	焦舰、包延慧、郑康	
		2. 绿色建筑设计	焦舰、包延慧、郑康	
		3. 微电网系统设计	于金辉、申彦波、赵霞、隋文正	
		4. 地源热泵系统设计	于金辉、张宏伟、蒋焱	
四、建设实施	（一）保障性住宅及公共服务设施		焦舰、包延慧、高渝斐	焦舰
	（二）太阳能光伏与集热系统		于金辉、赵霞	
	（三）微电网中控楼		于金辉、蒋焱	
	（四）地源热泵系统		于金辉、张宏伟	
	（五）道路及交通设施		蔡云楠、张晓明、周茂松、孙泽彬	
	（六）园林绿化		任斌斌	
	（七）太阳能资源观测站		申彦波	
	（八）展示中心		于金辉、赵霞、隋文正	
第二章 吐鲁番市新区一期起步区实施运行情况总结			**包延慧、高渝斐汇总**	
一、微电网系统运行情况总结	（一）微电网项目电量平衡分析		于金辉、赵霞	
	（二）光伏发电功率预测系统		申彦波、常蕊、江滢	
	（三）微电网项目运行模式		于金辉、赵霞	
	（四）小结与建议		于金辉、赵霞	

章节名称	章节分工	主持及统稿
二、地源热泵系统运行情况总结	于金辉、张宏伟、李根、朱颖秋	
三、绿色交通系统实施运行情况总结	蔡云楠、张晓明、周茂松、孙泽彬	
第三章 吐鲁番市新区一期起步区实施运行后评估	**王信汇总**	
一、太阳能建筑评估	陈易、王信	焦舰
二、清洁能源利用评估	李铮伟、王信、赵霞、张洋	
三、低碳发展评估	沈青基、郭茹、王信	
四、环境绩效评估	杨长明、郭茹、施雨	
第四章 建成实录	**焦舰汇总**	

　　本书图表除署名外，均由北京市建筑高能效与城市生态工程技术研究中心提供。

　　本书图4-1~图4-33为杨超英摄影作品。

　　本书通过分享项目实施过程中的实践经验和教训，希望能促进国家对太阳能建筑一体化的新能源利用，推动光伏光热产业发展，并为中国西部地区特别是干旱炎热地区，落实科学发展观，因地制宜地建设宜居城市提供一些参考借鉴。限于编者的认知结构和专业经验，书中难免有疏漏和不妥之处，敬请广大读者批评指正。

目录 C o n t e n t s

第一章

吐鲁番市新区项目概述

一、项目概况

　　新疆维吾尔自治区吐鲁番市（以下简称吐鲁番市）位于乌鲁木齐经济圈内，同时也是"乌鲁木齐—克拉玛依—阿拉山口"的天山北坡经济带上的重要节点。吐鲁番市是新疆维吾尔自治区的特色精品旅游基地；是重要的特色农副产品加工基地；是中西"四大文化"体系交汇点，古丝绸之路重镇。

　　吐鲁番市拥有深厚的历史文化底蕴，是丝绸之路的重要节点。属于暖温带大陆性干旱荒漠气候，因其地处盆地之中，四面高山环抱，增热迅速、散热慢，形成了日照长、气温高、昼夜温差大、降水少、风力强五大特点，夏季气温可达到40℃以上，素有"火州""风库"之称。当地资源能源条件突出，拥有丰富的石油、天然气、煤等矿产资源和风能、光能、地热等可再生能源。

　　吐鲁番市新区位于吐鲁番市区东部的戈壁滩上，距离老城区5km，北依火焰山，东临土哈油田作业区，西北紧邻著名的葡萄沟景区，原312国道从其中部穿过，临近吐鲁番市火车站和机场，交通便利。新区总用地面积为8.81km²，规划2020年完成，可为6万名各族群众提供居住和工作场所。吐鲁番市新区的区位图见图1-1。

　　作为乌鲁木齐市周边重点发展地区的吐鲁番地区（现改为吐鲁番市），2004年经新疆维吾尔自治区批准在当年吐鲁番市市区（现改为高昌区）东北、葡萄沟东南的戈壁区域建设吐鲁番市新区。为提升新区建设的可持续发展水平，2008年时任第十一届全国人大环境与资源保护委员会主任委员的汪光焘先生带领研究和规划团队，针对吐鲁番地区干旱炎热、水资源短缺的本

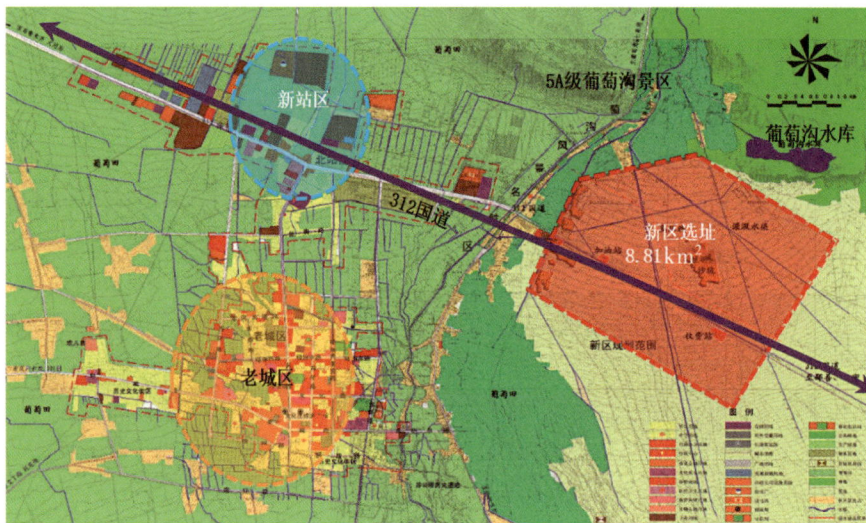

图1-1

吐鲁番市新区的区位图

底条件，以可再生能源规模化利用为重点，启动了新区可持续城市发展模式的新探索。

项目早期成立了"可持续城市发展研究中心"作为项目的主体研究机构。该中心于2014年经北京市科学技术委员会批准，更名为"北京市建筑高能效与城市生态工程技术研究中心"，成为北京市级的工程技术研究中心。该研究中心由时任国际欧亚科学院中国科学中心常务副主席汪光焘先生担任首席科学家，承担新区的前期科研、技术咨询、设计以及实施过程中的技术指导工作。广州市城市规划勘测设计研究院也参加了前期规划研究和相关设计工作。

新区的建设由吐鲁番市人民政府成立吐鲁番示范区管理委员会组织实施，在新疆维吾尔自治区人民政府的关心与支持下顺利开展。吐鲁番地区专门成立了以市委书记为组长、市长为副组长的吐鲁番市示范区建设协调领导小组，并成立新区建设指挥部，从两县一市先后抽调300余名干部充实到新区的建设中。通过协调吐鲁番市国土资源局和发改委，在吐鲁番市新区成立国土资源分局，并由发改委授权新区经济发展局统一负责新区规划范围内的立项审批、备案等工作。

吐鲁番市新区于2010年5月正式开工建设，在2014年底基本完成新区一期起步区的建设工作。

新区在研究和实施的各个阶段，得到了国家发展和改革委员会、国家能源局、财政部、住房和城乡建设部、科学技术部等国家部委，以及新疆维吾尔自治区人民政府和吐鲁番市人民政府的政策和资金支持。2009年被新疆维吾尔自治区人民政府列为"自治区和谐生态城区和城乡一体化示范区"，2010年4月获得"国家能源局关于新疆吐鲁番市新区创建国家新能源示范城市的复函"，2012年1月获得"国家发展改革委国家能源局国家电监会关于新疆吐鲁番新能源城市微电网示范项目的批复"。在新区一期起步区的运行阶段，自治区发改委、住房和城乡建设局、环保局、水利局、电网公司等部门，也给予项目政策及资金等各方面的支持。

项目前期的总体研究成果于2014年1月获得了北京市科学技术奖三等奖。2013年，研究成果"用于城市住区的太阳能规模化利用系统"获得实用新型专利，专利号ZL2013 2 018703.0。项目在规划、微电网等专项方面还获得了多项省部级奖项，包括：《吐鲁番市新区总体规划（2009–2020）》在2011年获得全国优秀城乡规划设计二等奖、新疆维吾尔自治区优秀城乡规划设计一等奖、广东省优秀城市规划设计二等奖；微电网项目获得2015年华夏建设科学技术奖三等奖；2015年中国质量评价协会科技创新奖——科技创新成果优秀奖等。

目前，吐鲁番市新区一期起步区1.43km² 已经成为我国目前建成的全面运用太阳能、最具规模的多层住宅楼光电光热建筑一体化项目之一。新区的建设将对中国西部及太阳能丰富地区建设因地制宜、可持续发展的城市具有积极的指导意义和示范作用。

二、前期研究

针对以戈壁沙漠为基础，面临荒漠化生态威胁的区域本底条件，吐鲁番市新区项目的规划和设计工作从研究起步，本着"以开发低碳能源为保证，以清洁生产为关键，以循环经济为有效方法，以合理布局为主要内容，最终以可持续城市发展为根本方向"的理念，针对当地气候、文化特点，充分利用当地太阳能等可再生能源的优势，研究太阳能光电、光热等可再生能源技术在城市建筑群中的综合应用和管理，探索充分利用可再生能源的低能耗、低排放的新型城市可持续发展模式。

2008～2012年，项目研究咨询团队先后完成了数十项研究报告（表1–1）、规划设计、建筑设计，以及专利、出版物等多项研究成果。

完成了数十项研究报告   表1–1

序号	专业	研究报告
1	城市规划和管理	1. 基于生态的城市空间规划策略研究 2. 产业发展专题研究 3. 吐鲁番市新区数字管理与信息共享平台框架设计研究
2	建筑	1. 地域性生态建筑研究 2. 太阳能应用技术与吐鲁番市新区地域性居住建筑的有机结合研究 3. 建筑可再生能源综合应用研究
3	微电网和气象	1. 基于光伏发电的微电网系统方案与运行模式研究 2. 基于太阳能综合利用微电网控制方式模型研究 3. 吐鲁番市新区太阳能资源精细化评估与研究 4. 吐鲁番新能源示范区太阳能资源测量与预报技术研究
4	交通	1. 和谐交通系统发展策略研究 2. 基于太阳能综合利用的绿色交通发展研究 3. 小城镇绿色交通体系规划研究

（一）总体研究思路

吐鲁番市新区前期总体研究思路（图1-2）是在城市建筑群中构建绿色能源利用体系，以充分开发利用太阳能资源为目标，通过对规划、建筑、气象、微电网、绿色交通等各领域专业技术的高度整合，进行集成再创新，将可再生能源的综合有效应用与绿色节能的住区及建筑相结合，并应用于充分利用可再生能源的新型城市的建设实施。

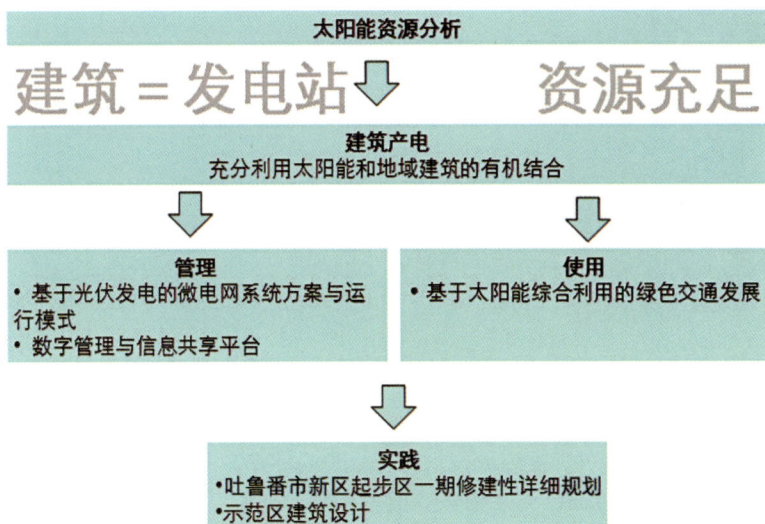

图1-2

吐鲁番市新区前期总体研究思路

（二）主要技术路线

以吐鲁番市新区一期起步区的保障性住房为试点，研究提出了太阳能规模化利用模式如图1-3所示，即将建筑本体作为发电、用电中心，从规划布局和建筑设计着手，以太阳能资源利用最大化为目标，将太阳能光伏发电系统同绿色住区与建筑有机结合。建筑屋顶上的太阳能光伏板发电就近使用，用于建筑用电和绿色交通充电，将发电余额全输送至大电网。利用绿色公交

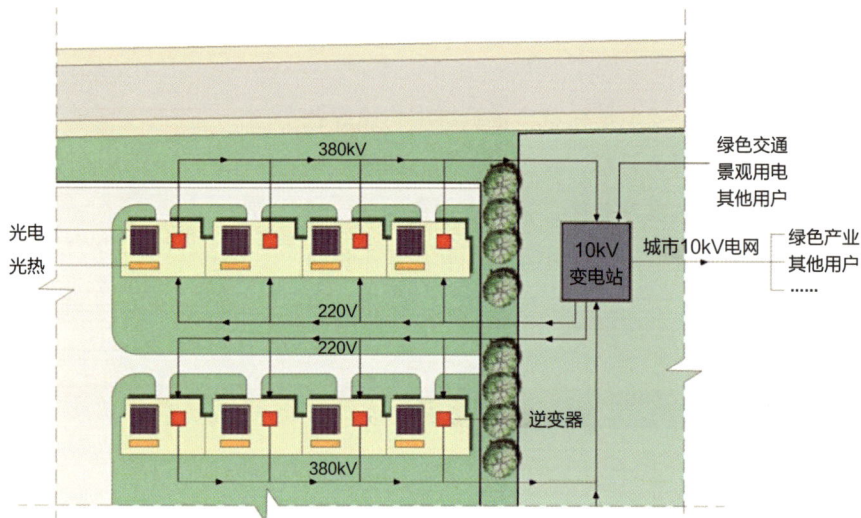

380kV

光电
光热

220V

220V

380kV

逆变器

绿色交通
景观用电
其他用户

10kV
变电站

城市10kV电网

绿色产业
其他用户
......

图1-3
太阳能规模化利用模式

和储能系统调节太阳能发电和用电的峰谷差，由智能微电网统一管理以保证大电网的安全，并结合气象预测与预报及负荷功率预测系统的数据，从而动态地制定微电网运行方案。

研究确定关键技术内容如下：

针对吐鲁番市新区一期起步区的保障性住宅群，基于吐鲁番气象条件下对建筑物各朝向的年总辐射量与光电板不同倾角的年总辐射量的计算与分析，确定光电、光热太阳能板最佳朝向和倾角的最佳值，使其全年接收的太阳能总辐射量达到最大。研究住区容积率与太阳能利用的供需平衡关系，确定采用低层高密度的建筑布局，使太阳能光电、光热得到最优化利用，并确定住宅太阳能利用的整体概念及原则为：

①采用光热与光电相结合的原则；

②太阳能光热产热实行满足用户自身需求的原则，不进行统一管理；

③对太阳能光电产电进行统一管理，实行用户计量、回归使用的原则。

结合吐鲁番地区的气候特点和光热光电构件的自身特性，对建筑采用南偏东3°的最佳建筑朝向，采用30°~35°的太阳能板最佳倾斜度，实现建筑与太阳能光电系统一体化设计，并保证太阳能建筑的合理高效性及美观、安全、实用性等，同时考虑系统管理及运行维护等多方面的要求。

在住宅建筑屋顶上固定安装太阳能光热板和光电板。光热板面积满足住户生活热水的供需平衡，剩余的屋顶面积用来充分有效安装光电板。屋顶机房内通过配置逆变器，将屋顶太阳能光伏板所发的直流电转换为交流电，通过电气竖井内的电缆送至建筑物首层的配电柜，实现三相低压并网，每栋楼的日间光伏发电，供给用电负荷的剩余电力，接入附近区域变电站低压侧与大电网相连。在变电站关口处设有双向计费电表，在各逆变器出口设带远传功能的智能电表，以便对太阳能光伏发电量进行计算。

由于光伏发电主要集中在白天，而住宅建筑的居住功能决定了建筑电能消耗的特性是白天电能消耗量小，晚上电能消耗量大。因此，在白天发电量大于负荷量时，将剩余的太阳能发电量向城市电网输送；而在日落之后，则由城市电网提供住区的正常用电。

为了减轻光伏发电系统对大电网的冲击，减少大电网的负担，引入绿色公交汽车充电系统和储能系统。电动公交车辆利用储能电池在运营间歇充电，有效地消纳发电高峰期的电能，平衡上下网电量，发挥调峰蓄能作用；储能系统根据光伏发电功率和负荷功率的差值，调整充电量和放电量，减小对电网的有功冲击。当微电网形成孤岛时，该系统可提供应急电源。

建立智能微电网系统进行管理，通过控制实现新区内发电、耗电、市电的相对平衡，智能微电网系统原理示意图见图1-4。针对太阳能发电功率密度低、可调度性差、调峰能力差等特点，研究结合气象预测与预报，利用短时太阳辐射和光伏发电功率预测系统，分析太阳能资源的供电能力，结合负荷功率预测系统的数据动态，制定微电网运行方案，从而满足微电网内用户对电能质量的要求，增强电网的安全性和稳定性。

最终构建一种就地发电、就地消纳、依存电网、动态平衡、智能调控的发、变、供电模式，建立区域建筑群分布式发电系统，探索供配电损耗最优化路径，减少新能源发电对区域电网的冲击和依赖，保证大电网的安全，

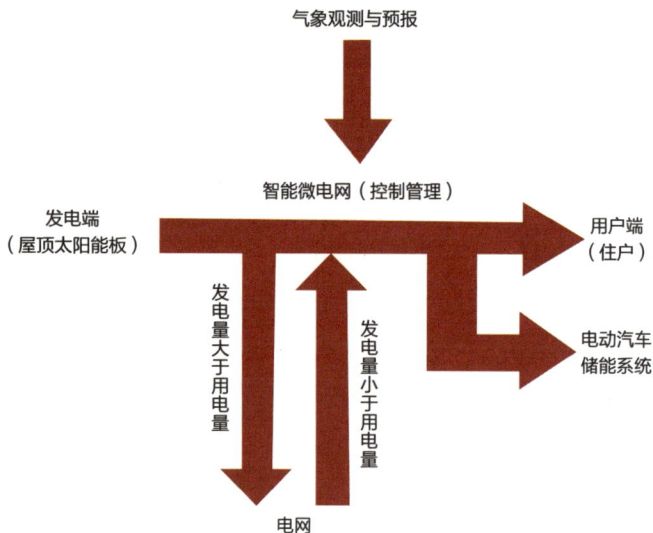

气象观测与预报

智能微电网（控制管理）

发电端
（屋顶太阳能板）

用户端
（住户）

发电量大于用电量

发电量小于用电量

电动汽车
储能系统

电网

图1-4
智能微电网系统原理示意图

提高能源利用效率，完成太阳能规模化利用的系统工程。

根据研究测算结果显示：在68.64万m²保障性住宅的屋顶，可安装光伏板94069m²，光伏板装机容量约为13.4MW，年光伏发电量可达到1580.8万kWh。基于当地居民现行用电标准12.3kWh/（m²·年），考虑到使用量的增长，将居住建筑年均用电标准提升至20kWh/m²计算（含分体式空调用电），预计住宅建筑年均总用电量可达到1098.24万kWh（居住建筑使用面积系数取0.8）。太阳能光伏发电量供居民用电后，剩余电量约占总发电量的30%，可保证太阳能发电量与楼内居民用电量的总体平衡，略有结余。

（三）主要技术创新

针对吐鲁番市新区一期起步区保障性住房建设，研究提出的技术路线的创新性可体现在以下几个方面：

（1）在城市住区建设中建构绿色能源利用体系，高度整合规划、建筑、气象观测、微电网管理、绿色交通等各专业和技术，进行集成再创新，实现太阳能资源的规模化利用和最大化利用；

（2）将城镇规划和建筑设计同太阳能技术有机结合，实现太阳能系统发电最大化；

（3）将气象观测与微电网智能调度相结合，开展太阳辐射和太阳能发电相关气象条件及发电功率预报，保证大电网运行安全和居民用电安全；

（4）利用绿色交通起到调峰蓄能作用，并推动电动汽车和电动自行车发展；

（5）探索符合我国国情、公众参与的机制和条件，以保障性住房为对象，让老百姓用电比使用常规市电优惠。

三、规划设计

吐鲁番市新区采用"概念规划、专题研究—总体规划—详细规划（城市设计）"的规划工作思路，以概念规划和专题研究为法定规划的先导。广州市城市规划勘测设计研究院的前期研究和规划设计团队在完成《吐鲁番市新区概念规划》和4个专题研究之后，编制了《吐鲁番市新区总体规划（2009–2020）》，并于2009年7月经新疆维吾尔自治区人民政府批准实施。2009年8月，又进一步编制并获批了《吐鲁番市新区一期控制性详细规划》。

参与前期研究和新区一期控制性详细规划编制的北京市建筑设计研究院有限公司，于2009年下半年依据新区一期控制性详细规划开展了建筑设计工作，并于2010年5月完成了第一批两个地块共计4.8万m^{2}的保障性住房设计工作。之后，以这两个地块作为样板，全面展开其他地块保障性住房方案设计工作，方案设计完成后交由当地设计院进行深化并指导施工工作展开。除保障性住房外，还指导当地设计院完成了部分的配套设施及公共服务设施，包括商业街和商业广场等项目的方案设计工作。

2010年下半年，中国城市规划设计研究院参与到新区规划设计工作，进一步编制完成了《示范区二期、三期项目控制性详细规划》，并于2011年4月获批。2012年9月，为提升吐鲁番市新区整体定位和优化主导职能，又陆续编制了《示范区6.6平方公里二三期控制性详细规划》和《示范区38.8平方公里控制区空间发展战略规划》。吐鲁番示范区管理委员会也同期委托了相关单位完善各项配套设施的规划。

（一）吐鲁番市新区规划

吐鲁番市新区规划总用地面积为881.35hm^2，其中规划建设用地面积为762.70hm^2，人均建设用地面积为127m^2。城镇建设用地中，居住用地面积为279.98hm^2，约占建设用地面积的36.7%，公共设施用地面积为93.40hm^2，约占建设用地面积的12.2%，道路广场用地面积为160.98hm^2，约占建设用地面积的21.1%，绿地面积为191.58hm^2，约占建设用地面积的25.1%。土地利用规划图见图1-5，规划用地平衡表见表1-2。

图1-5

土地利用规划图

（此图由广州市城市规划勘测设计研究院绘制）

规划用地平衡表 表1-2

序号	用地代号	用地名称		面积（hm²）	人均建设用地（m²/人）
1	R	居住用地		279.98	46.66
2	C	公共设施用地		93.40	15.57
		其中	行政办公用地（C1）	16.29	2.71
			商业金融业用地（C2）	19.79	3.30
			文化娱乐用地（C3）	8.92	1.49
			体育用地（C4）	4.51	0.75
			医疗卫生用地（C5）	5.05	0.84
			教育科研设计用地（C6）	2.03	0.34
			综合服务用地（CX）	36.81	6.14
3	T	对外交通用地		3.35	0.56
4	S	道路广场用地		160.98	26.83
		其中	道路用地（S1）	153.19	25.53
			广场用地（S2）	2.90	0.48
			社会停车场库用地（S3）	4.89	0.82
5	U	市政公用设施用地		15.67	2.61
6	D	特殊用地		3.22	0.54
7	G	绿地		191.58	31.93
		其中	公共绿地（G1）	103.08	17.18
			生产防护绿地（G2）	88.50	14.75
8	E6	村镇建设用地		14.52	2.42
合计		建设用地		762.70	127.12
9	E	非建设用地		118.65	—
		其中	水域（E1）	9.31	—
			科技农业用地（E2）	109.34	—
总计		规划总用地		881.35	—

新区综合考虑与吐鲁番市老城区、北站区的衔接，为实现优势互补、错位发展，明确发展定位为"地区公共管理和服务中心、适宜居住的和谐生态社区、具有国际影响的文化旅游胜地、现代服务业集聚区"，将发展旅游综合服务、公共管理、休闲疗养度假、科技农业服务、金融信息商务办公等方面的职能。

为实现新区"组团构成，有机共生；葡萄绿廊，城乡交融；曲水环绕，上下贯通；戈壁火洲，和谐新城"的总体规划构思，新区形成了"一心一轴一园两环五廊十区"的规划结构，空间结构规划图见图1-6。

一心——以新区服务中心及广场为新区核心；

一轴——由新区服务中心——文化产业区——中央公园构成的中轴；

一园——利用基地内4个沙坑，结合原有沟渠水系，地上地下综合开发，打造集市民休闲娱乐、特色饮食、旅游商品销售、文化博览、体育等于一体的中央公园；

两环——由带状公园和绿地构成的绿环和水系构成的蓝环；

五廊——五条绿廊，对原有的沟渠绿化进行改造优化，形成城市绿廊，与周边葡萄地、防护绿带自然衔接渗透；

十区——10个功能区。

新区总体规划分为三期建设，分期建设规划图见图1-7，一期建设用地规模为2.86km^2，二期建设用地规模为3.86km^2，三期建设用地规模为2.09km^2。其中，一期规划范围包含了行政、办公、商业服务、住宅等各种城市功能。在一期建设中，又划定了1.43km^{2}作为起步区，以保障性住宅为主，包括一些配套的城市服务性公共建筑，规划总建筑面积为75.40万m^2，其中，住宅建筑面积为68.64万m^2，容积率为0.87。吐鲁番市新区一期起步区详细规划图见图1-8。

图1-6

空间结构规划图

（此图由广州市城市规划勘测

设计研究院绘制）

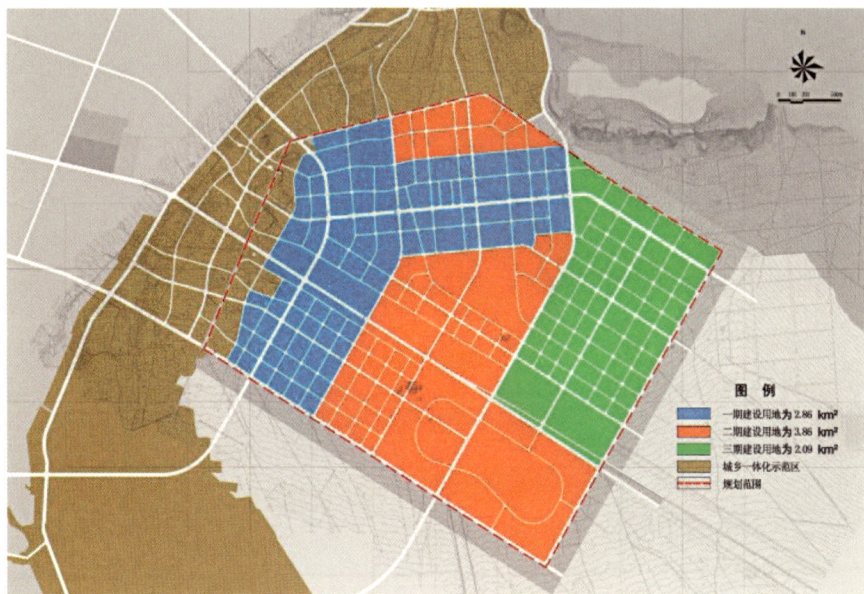

图1-7

分期建设规划图

（此图由广州市城市规划勘测

设计研究院绘制）

社区卫生服务中心
社区服务中心
市场
综合商场
社会停车场
85㎡户型住宅（4层）
110㎡户型住宅（4层）

社区公园

主要慢行道（上设葡萄廊架）

95㎡户型住宅（4层）

防护绿化廊道

立交（示意）
110㎡户型住宅（4层）

幼儿园

慢行道

充电站

底层商业（2层）

文化活动中心

社会停车场
公交始末站
社区卫生
服务中心

60㎡户型（4层）
幼儿园

主要慢行道（上设葡萄廊架）

规划区位置示意图

新区规划范围

135㎡户型（4层）

120㎡户型（4层）

幼儿园
小学（18班）

现状保留加油站

充电站

地下3层为115户型
顶层为95户型
综合商场

社区服务中心

社区公园绿化带
小学（24班）

95㎡户型（4层）

65㎡户型（4层）
110㎡户型（4层）

图1-8

吐鲁番市新区一期起步区详
细规划图
（此图由广州市城市规划勘
测设计研究院绘制）

二、三期规划功能分析图见图1-9，二、三期规划图见图1-10。

有两个调整原因，一环境条件发生了变化。新区内的诸多限制性要素，如高压走廊、灌溉水渠、光缆等，在当地政府的努力下成功改线，相应的规划方案也进行了调整与优化，比如道路线形的优化、绿地系统与灌溉水渠的结合等。二招纳项目的需要。新区采用政府调控与市场开发相结合的开发模式，充分利用市场机制推动新区建设，在招纳各具体项目进入时，如能源公司、教育科研机构等，根据功能的不同对建设用地产生了不同的需求，与原有规划不适应，从而引发规划调整。

主要调整内容包括：

在用地布局方面，调整公共设施用地规模和布局，总体比例与规模增加，提升了新区的公共服务性。

在绿地系统方面，一方面在保持网络整体结构原则下，调整绿廊规划。另一方面充分利用现状天然深坑、灌溉水渠等要素资源，结合灌溉系统所需的晒水功能，规划生态型水景公园。

在道路系统方面，一方面增加干路网宽度，简化结构层次，主要是将原有路网中宽度为20m的次干道路调整为宽度为30m的主干道路。另一方面降低支路网密度，受若干个大型项目落点的影响，减少了新区东部地区的支路网，形成大型街坊，路网密度由$11.6km/km^2$降低至$10.5km/km^2$。

这些调整在一定程度上违背了原初的规划设计理念。

但当时的"可持续城市发展研究中心"（现为"北京市建筑高能效与城市生态工程技术研究中心"）整合的项目研究和设计团队仍力图延续研究阶段提出的理念，提出了如下工作建议：

校核各项公共设施用地规模——对文化娱乐用地、教育科研用地等各项公共设施的用地规模进行论证。

系统性梳理公共设施用地布局——在新的发展形势下，从新区整个城市结构的角度入手，合理优化公共设施布局。

完善绿地网络建设——依据新的规划布局，增补部分绿廊，完善绿地网

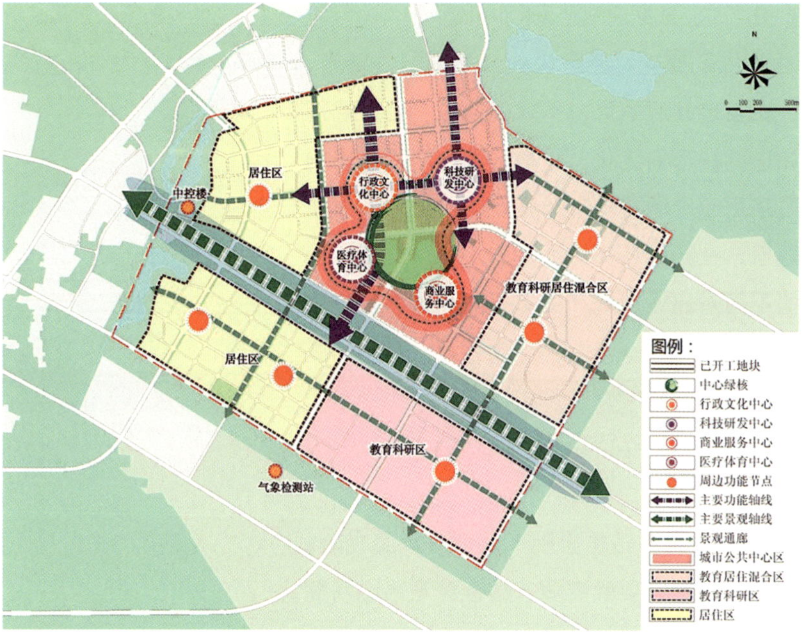

图1-9

二、三期规划功能分析图

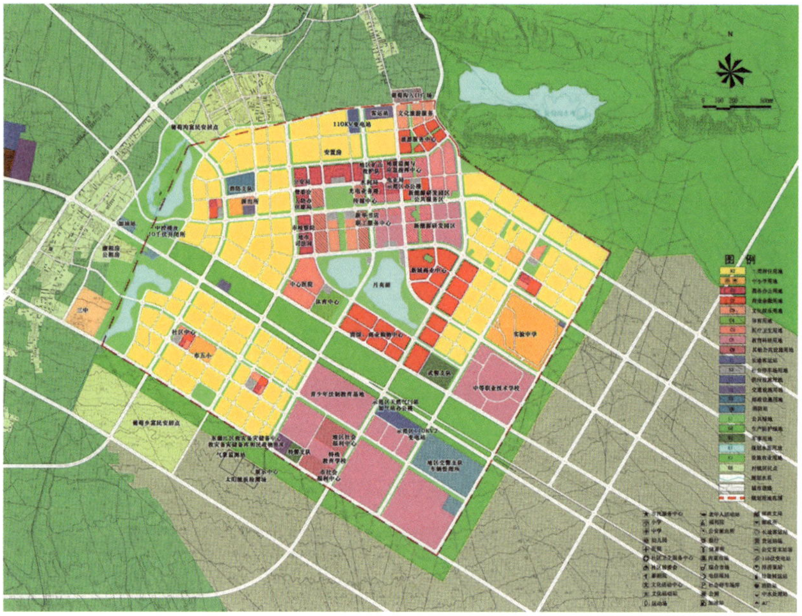

图1-10

二、三期规划图

络建设。

　　研究绿地系统与公共设施整合布局模式——将绿地系统与城市公共设施相结合，塑造人性化的公共活动空间体系。

　　延续原有密支路网的思路——尊重原有密支路网的肌理形式，延续其设计理念。根据不同的城市功能需求，合理调整方格路网的尺度。

　　疏通次级道路网络——除了客观原因造成的断头路、T形交叉路口以外，梳理次级道路网络，减少T形交叉路口，顺延断头路。

（二）绿色交通系统设计

　　吐鲁番市新区绿色交通系统基于"三网"体系：

1. 道路网

　　建设高密度、小尺度的道路网系统，是实现慢行和公交优先的基础和保证。改变传统以机动车方式为主导的四级道路等级体系，构筑面向慢行、公交和全部车辆使用的按三类功能划分的道路分级体系，分别为完全开放道路、公交道和慢行道三类。完全开放道路允许各类车辆双向通行，构成新区的干道体系；公交道主要对公交车和辅助公交车开放，小汽车单向组织，构成新区的支路系统；慢行道（分为慢行廊道和一般慢行道）主要对步行和非机动车等慢行交通方式开放。道路红线控制标准适当进行压缩，采取面向步行和非机动车出行及可达尺度的道路网格设计，摒弃传统以机动车通行能力和速度为依据的路网密度和级配结构标准。按公交组织的需要（满足当地居民可以接受的步行时间要求）设计新区内部的机动车通道系统，并在设计上充分实现慢行交通和机动车交通在空间上的分离。

　　干道：规划红线为30m，设计车速为40km/h，在沿线公交车站点设港湾式停靠站。

　　支路：规划红线为12~20m，设计车速为30km/h，分为2级：一级支路规划红线为20m，2车道设计，公交车辆允许双向行驶，小汽车组织单向交通；二级支路规划红线为12m，主要组织单向交通和慢行交通。

慢行廊道：规划红线为12m，采用葡萄廊架的建设形式。

2. 公交网

基于太阳能利用的公交网建设，是发展吐鲁番市新区绿色交通的核心内容和主要抓手。强调公交系统的便捷、直达以及与慢行系统、停车系统的良好衔接。通过采用公交环线、小站距的公交组织设计方式，使得公交深入到社区中心，并在中心商业区、社区中心、外围停车截流点等城市客流集中处设置公交首末站或换乘枢纽，整体形成以公交环线、对外联络线为骨架，一般公交线路为补充，公交枢纽为锚固点的公交线网格局。

吐鲁番市新区公交系统体系结构表见表1-3。

<table>
<tr><td colspan="5" align="center">**吐鲁番市新区公交系统体系结构表**   表1-3</td></tr>
<tr><th colspan="2">公交系统体系结构</th><th>功能定位</th><th>车型</th><th>行驶道路</th></tr>
<tr><td colspan="2">长途客运</td><td>提供外省市和旅游客流到达新区的对外交通枢纽</td><td>传统公交车</td><td>完全开放道路</td></tr>
<tr><td colspan="2">跨区公交</td><td>联系新区与老城区和新站区，线路设计保证较高直达性，控制运行时间，与新区内部公交线路换乘衔接</td><td>电动公交车</td><td rowspan="2">公交道、完全开放道路</td></tr>
<tr><td rowspan="3">区内公交</td><td>环形公交</td><td>串联各发展组团，环线运行，站点固定</td><td>电动中型公交车</td></tr>
<tr><td>辅助公交</td><td>电话招车或扬手招车的电动出租车服务，提供无障碍化、门到门出行服务</td><td>电瓶车、电动小汽车</td><td></td></tr>
<tr><td>公共货运系统</td><td>区内提供统一管理的货运公共服务，提前预订，统一调度货运电动车辆，安排配送</td><td>货运电动车辆</td><td>公交道、完全开放道路、慢行廊道</td></tr>
</table>

在设施保障方面，统一采用8m长的电动空调车，电动公交车充电站和充电柱均结合公交场站进行建设。公交车充电柱采用"一车一柱"的模式建设。考虑到电力调峰、公交车临时充电、系统拓展的要求，每个充电柱按照快充与慢充兼容的模式建设。公交车充电站按一级负荷设计，需单独设置变压器，不与居民生活、商业变压器共用。

3. 慢行网

基于机非分离设计建设慢行网。结合地方特色，充分利用沟渠（坎儿井）、城市绿廊（如葡萄廊）建设庭院式的慢行街道，建设空间上独立的城市慢行交通走廊和社区慢行道，串联各社区中心和主要交通集散点，引导慢行交通成为居民内部出行的首选。路网建设方面，突出慢行路网的建设，慢行廊道优先成网，其他慢行道补充加密，深入社区，通过慢行系统将各公共服务中心、主要景观节点和主要居住带串联起来，在慢行系统空间内，禁止除应急救灾情况之外的一切机动车使用。交通组织方面，强调与公交系统的良好衔接，通过慢行系统到最近的公交站点不超过300m。

慢行廊道：红线规划12m，是慢行交通系统的主骨架，在空间上独立设置，串联各公共服务中心、主要景观节点和主要居住带；承担区内中短距离的交通功能，线形连续，沿途交叉口优先通行，保证一定的交通效率。采用吐鲁番独具特色的葡萄绿廊的建设形式，创造良好的行驶条件，引导人们使用慢行出行方式（步行、自行车或电力自行车）。慢行廊道断面规划图见图1-11。

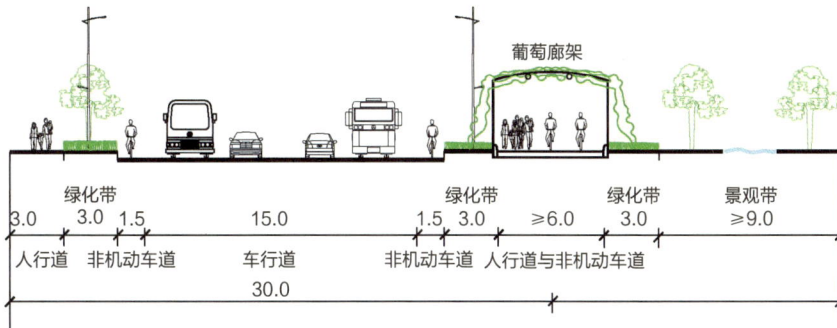

图1-11
慢行廊道断面规划图（m）

一般慢行道：红线规划为10m，承担短距离生活性功能的城市慢行网络，与机动车道共面或与非机动车道共面设置。

停车设施：改变传统以建筑物配建停车为主，公共停车为辅的停车建设模式，通过建设统一管理的、集中与分散相结合的公共停车场，依托干道对常规机动车交通进行截流，禁止其进入新区内部，达到限制常规机动车使用范围、降低机动车使用便利性、减少机动车碳排放、保证新区内部公交和慢行交通优势地位的目标。基于停车使用对象的不同，将停车系统分为本地居民停车场和来访者停车场两种类型。本地居民停车场结合居住区分散布置，来访者停车场主要结合公交首末站集中布置。建设形式以地面停车场为主，鼓励采用绿色生态型停车场建设模式，即在地面铺设草坪砖，并在停车场种植或移植树木，利用树木作为车位与车位之间的隔离手段，最终达到"树下停车，车上有树"的环保效果。

（三）保障性住房的建筑设计

1. 太阳能建筑一体化设计

吐鲁番市新区一期起步区的保障性住房采用太阳能建筑一体化设计。建筑屋顶采用坡屋顶形式，在坡屋顶上铺设太阳能光电板，太阳能光伏电板面积力求在坡屋面上最大限度地铺设。屋面坡度与计算出的吐鲁番地区30°~35°的太阳能板最佳倾斜度一致，并利用坡屋顶下的空间设置储藏间。为避免屋面上的太阳能板过热，在屋面板和太阳能光电板之间设置10cm的空气间层，利用通风将太阳能板下的热量带走。太阳能集热板面积按照满足住户热水需求设置。居住小区典型地块效果图见图1-12。

2. 绿色建筑设计

保障性住房的建筑设计遵循绿色理念，优先采用被动式设计，减少对能耗的需求。平面布局紧凑，以一梯两户为主，将起居室和主卧室朝南放置，

图1-12
居住小区典型地块效果图

获得太阳能热辐射和良好的采光，并将楼梯间、厨房、生活阳台等放置在北侧，阻隔不利的室外环境。同时，形成南北通透的格局，有利于形成穿堂风。

外围护结构以保温、隔热、遮阳设计为主。墙体采用外墙外保温，240mm厚KP1空心砖外墙外贴80mm厚膨胀聚苯保温板，阳台板、混凝土雨篷、空调室外机挑板、屋面挑檐上下两侧均做保温，外墙传热系数达到$K=0.46W/(m^2 \cdot K)$。坡屋面设置80mm厚挤塑聚苯保温板，传热系数$K=0.41W/(m^2 \cdot K)$。外窗采用断桥铝合金三玻外窗4+9（A）+4+9（A）+4，传热系数$K=2.2W/(m^2 \cdot K)$。建筑还在南侧设置遮阳板等，减少夏季太阳辐射进入室内。

建筑采用反射性能较好的浅色调，主要以土灰、土黄、土红、驼红为基色，辅以蓝、黄、绿、灰、红色，并避免白色（在炎热地区视为光污染），建筑色调见图1-13。

图1-13

建筑色调
（杨超英摄影）

3. 微电网系统设计

为保障大电网和居民用电安全，吐鲁番市新区一期起步区微电网项目设计原则为：①太阳能发电最大出力原则；②太阳能发电量本地负载就近优先消纳；③剩余发电量反馈给大电网；④夜间或太阳能光伏出力不足时由大电网补充；⑤通过本地能源管理系统，降低光伏并网对大电网的冲击；⑥提高供电稳定性；⑦有利于电网安全，提高可靠性；⑧提高微电网经济性，使老百姓受益。微电网运行系统示意图见图1-14。

微电网系统的主要负荷有居民日常用电、地源热泵用电以及绿色交通系统用电。前者建立动态负荷功率预测系统，后两者作为可调度性强的负荷形式，平衡发电与用电的关系，减小光伏发电站对电网的冲击，最大限度地降低发电与供配电的损耗。地源热泵用于冬季供暖和夏季制冷；绿色交通设置公交站和充电桩，电动公交车辆利用电池储能在运营间歇充电，发挥对吐鲁番市新区微电网的调峰蓄能作用。

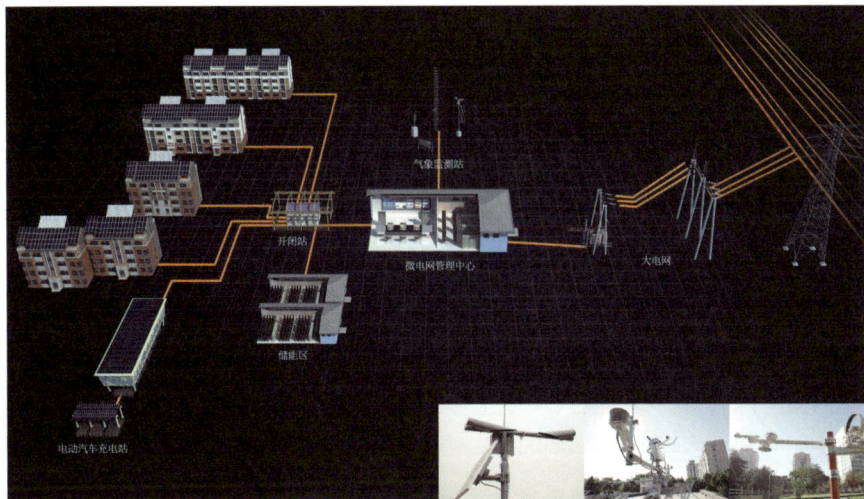

图1-14
微电网运行系统示意图

　　微电网内主要电源为光伏发电。在吐鲁番市一期起步区保障性住房屋顶上设置太阳能光伏板，发电规划装机容量达到13.4MW。太阳能光伏组件组成方阵后将直流电接入屋顶逆变器室，转换为50Hz正弦交流电，逆变器输出0.4kV交流电，接入用户配电箱就地消纳，剩余电力经用户配电箱汇流后接至10kV箱变升压至10kV，10kV箱变互相连接形成环路接入10kV开闭所，项目采用735个逆变器、36个10kV箱变。

　　微电网通过开闭站与大电网连接，经调度实现本地用户优先使用屋顶光伏发电，剩余电量反馈给大电网，在光伏发电不足时由大电网进行补充。实行太阳能发电统一管理、用户计量、回归使用的原则。

　　为了提高微电网系统的运行稳定性，吐鲁番市一期起步区还配置了光伏发电功率预测系统、储能系统和能量管理系统。光伏发电站配置的光伏发电功率预测系统，基于数值天气预报模式，能够进行未来24h逐15min预报，反映吐鲁番区域的天气系统变化；储能系统设计容量为1MWh，接入点为10kV、50Hz，当缺少光伏发电与大电网供电时，能为区域内一级和二级负荷提供电源，并可调节微电网内的功率相对平衡；设置中控楼建立智能微电网能源管理系统，加强对电能质量的监控，增强电网的安全性和稳定性。

储能系统并网运行时，有三种工作模式：

①调节有功、无功功率：当并网点处功率波动时，储能系统通过变换器快速调节有功功率，同时在需要时可在一定范围提供无功支撑；

②充电模式：在光伏逆变器输出功率高于负载功率时，多余功率可以向电池充电；

③重要负荷应急供电：当电网故障，微电网处于孤岛运行状态，夜间光伏无功率输出时，储能系统可向微电网内重要负荷提供应急电能。

经计算，年发电量与居民用电量相比略有结余，可以实现在太阳能产电、产热满足住户使用需求的基础上，太阳能光伏发电多余电量用于吐鲁番市新区内绿色公交用电的目标。

4. 地源热泵系统设计

吐鲁番市新区一期起步区采用地下水地源热泵系统供热、供冷。该技术是利用地下水中吸收的地热能而形成的低温低位热能资源，并采用热泵，通过少量的高位电能输入，实现低位热能向高位热能转移。新区属于地下水资源丰富区，地下150m范围内岩土分布以砂卵砾石为主，粒径较大，含水层厚，出水量大，水温高，适合采用地下水地源热泵技术实现区域供热制冷。

地源热泵系统共设有5座热泵机房（1~5号机房），最小一个热泵机房服务面积为14万m^2，最大一个热泵机房服务面积为19万m^2。每个热泵机房均设3台高效离心式热泵机组，可根据用户侧负荷变化，调节运行台数，有利于系统节能。每个热泵机房均配置有70%、100%设计流量的用户侧循环水泵，可根据用户侧流量变化，运行不同流量的循环水泵，以降低水泵运行能耗。当用户侧流量进一步减少时，还可通过变频调速装置，调节水泵转速，水泵运行能耗也进一步降低。

各热泵系统还配套设计了自动监测控制系统，可对热源井水位、水量、水质、水温等参数进行监测，并控制抽水泵运行台数。控制系统可根据用户侧负荷变化，自动调节热泵机组运行台数和循环水泵运行台数及转速。自动控制系统可以根据用户对冷、热量的需求情况，有效地控制热泵机组、循环水泵的运行用电量，可减少20%～30%的用电量。

热泵机组设计工况下的性能系数如下：

蒸发器进/出水温（℃）：制热：18/8　　　　制冷：16/10

冷凝器进/出水温（℃）：制热：36/42　　　　制冷：18/32

四、建设实施

吐鲁番市新区一期起步区于2010年5月正式开工建设，奠基仪式见图1-15。截至2015年年底，它的建设已初见成效。建设过程照片见图1-16，保障房建设过程照片见图1-17，屋顶太阳能板施工照片见图1-18，吐鲁番市新区建成照片见图1-19和图1-20。

图1-15

奠基仪式

图1-16

建设过程照片

图1-17

保障房建设过程照片

图1-18

屋顶太阳能板施工照片

图1-19

吐鲁番市新区建成照片1

图1-20

吐鲁番市新区建成照片2

（一）保障性住宅及公共服务设施

吐鲁番市新区一期起步区总用地143hm²区域基本建成，保障性住宅、配套服务设施及商业项目共计完成80.94万m²建设。

其中，住宅建筑面积为68.56万m²，共计317栋住宅楼。住宅销售5340套，占总住宅套数的92%，办理入住手续4950户，截至2018年，实际入住4300户。

公共建筑建成面积为12.38万m²，包含住宅配套服务设施面积2.15万m²和商业建筑面积10.23万m²。南、北两区的两个邻里中心社区建成投入使用，四个配套商业用房组合中的三个组合开始销售营业，综合服务功能进一步增强。吐鲁番市第五小学于2015年开学，大部分社区办公楼交付使用，部分社区办公楼正在装修。除此之外，还设有夜市，社区生活已呈现一定活力，社区配套照片见图1-21和图1-22。

图1-21
社区配套照片1（杨超英摄影）

图1-22
社区配套照片2（杨超英摄影）

（二）太阳能光伏与集热系统

吐鲁番市新区一期起步区住宅屋顶太阳能光伏装机容量达到8.718MW，涉及居民建筑293栋，屋顶面积为61216.65m²，采用235瓦多晶硅电池组件37097块。太阳能光伏板安装工程于2012年4月开工建设，2013年11月14日屋顶光伏开始调试并网运行；屋顶光伏于2014年10月全部投入运行，共计440台逆变器发电并完成数据采集传送至微电网中控楼中的管理展示系统。未安装太阳能光伏的居民建筑还有24栋，屋顶面积约为8542m²，预计可装机规模约为1.2MW。光伏发电系统装机情况见表1–4。

光伏发电系统装机情况　　　　　　　　表1-4

序号	项目	规划	2015年	未来
1	住宅建筑面积（万m²）	68.64	68.56	68.56
2	安装光伏发电系统的屋顶面积（万m²）	9.41	6.12	6.98
3	光伏发电系统容量（MW）	13.4	8.718	9.918

　　住宅楼屋顶全部设置太阳能集热系统（图1-23），并已完成了所有太阳能热水立管保温工作和太阳能热水器调试，实现24h供应热水。

　　屋顶太阳能系统由龙源吐鲁番新能源有限公司负责维护管理，并委托吐鲁番市中泰房屋拆迁有限责任公司进行清洗工作。清洗采用微喷水湿润光伏板方式，浸润10min后用胶皮玻璃刮或毛刷清除光伏板上的污斑（避免发生热斑效应），再用微喷水淋浇光伏板，用胶皮玻璃刮除水渍（对于顽固的污渍，可反复清洗几遍，直至清除为止）。水是由清洗车加压传递到屋脊，自上而下进行微水喷洒清洗。293栋楼的光伏板清洗工作，共需20天完成，遇特殊情况需25天完成，正常清洗周期为40天。由于屋顶光伏板的清洗难度较大，清洗成本

图1-23

住宅楼屋顶全部设置太阳能集热系统

较高，每次清洗费用约为11.72万元，按全年6次清洗计算，全年清洗费用高达70.32万元；每次清洗用水量近600m³，屋顶太阳能光伏板清洗现场见图1-24。

（三）微电网中控楼

负责吐鲁番市新区一期起步区微电网项目的建设和运营管理的龙源吐鲁番新能源有限公司，于2010年建设吐鲁番市新区光电建筑一体化并网型光伏发电站及微电网中心控制楼（简称"微电网中控楼"）一座。微电网中控楼的建设用地面积约为5000m²，建筑面积约为2200m²，地上两层，主要功能房间包括监控室、会议室、微电网展示室、接待室、档案阅览室、办公室、宿舍等。中控楼的微电网管理展示系统采用监控管理系统软件与微电网项目中的逆变器、通信监控设备连接，将数据采集、监视控制等多种功能应用综合于一体，实现对吐鲁番市新区微电网工程的系统运行状况、发电功率、系统潮流、负荷等数据实时监控。该微电网中控楼不仅用于微电网的调控，也是相关新能源技术的综合展示空间，对推动国家在光电建筑一体化及节能技术等产业的方面起到示范作用，微电网中控楼见图1-25，微电网中控楼监控室见图1-26。

图1-24
屋顶太阳能光伏板清洗现场

图1-25
微电网中控楼

图1-26
微电网中控楼监控室

（四）地源热泵系统

吐鲁番市新区一期起步区内地源热泵5个机房于2012年10月完成机房安装工作，并于2012年10月25日陆续投入运行。地源热泵系统的热泵机组、用户侧循环水泵、地下水侧循环水泵的性能参数与设计要求一致，所有设备台数、布置及管道安装符合设计要求。每个热泵机房均设置3台高效离心式热泵机组，最大应用面积可达到90万m^2。由于地下水地源热泵系统建设后期资金投入遇到一定的困难，自动监测控制系统并未按设计完成全部安装，用户侧系统热计量表、供回水压差传感器、控制器、电动调节阀等尚未安装。地源热泵机房外景和内景见图1-27和图1-28。

图1-27

地源热泵机房外景

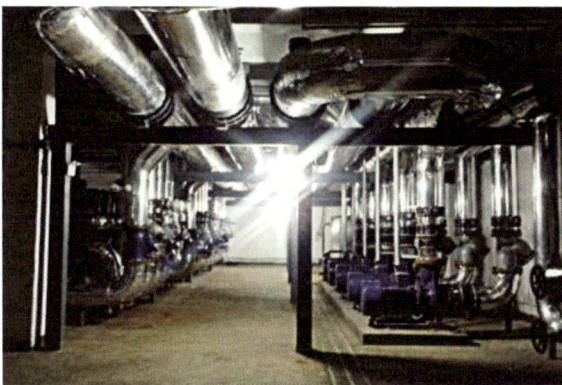

图1-28

地源热泵机房内景

（五）道路及交通设施

  吐鲁番市新区一期起步区内部基础设施已基本完成并投入使用，路网建设基本按照规划实施，骨架路网雏形已初步形成，干道路网密度达到2.68km/km²。

新区道路网建设共分三期，一期道路网已建成90%、二期道路网已建成60%、三期道路网已建成20%。到2015年年底，已建道路总长为46.0km，包含干道14条，红线宽度为30m，总长为23.7km，基本按规划断面建设，仅非机动车道和人行道与规划宽度略有不同。一级支路有12条，红线宽为20m，总长为10.8km，完全按照规划断面落实。二级支路有16条，红线宽为12m，总长为11.5km，与规划断面在道路空间分配上有所差别，主要是将一侧的自行车道改为了路边停车带。按规划初步形成"六横八纵"骨架结构。慢行廊道全部采用混凝土、钢、塑木结构的材质建成，塑木安装与钢拱架交织起来，基本符合规划要求。现状建成道路网布局图见图1-29，新区道路见图1-30，慢行廊道见图1-31，新区道路断面实施情况对照表见表1-5。

图1-29
现状建成道路网布局图

图1-30

新区道路

图1-31

慢行廊道

新区道路断面实施情况对照表　　　　　　　　　　　　　　　　表1-5

道路红线	规划断面（m）	实施断面（m）
12m		
20m		

続表

道路红线	规划断面（m）	实施断面（m）
30m	 30m红线道路断面（A） 30m红线道路断面（B）	 30m红线道路断面（A） 30m红线道路断面（B）

　　已建成1座公交首末站，属租赁用地，可停放5辆公交车；正在建设2座公交首末站，其中一座占地面积约为3700m²，另一座占地面积约为6800m²。建成公交加气站一座，已投入使用。建成公交车充电站一座，占地面积约为7600m²，设22个充电桩，于2013年11月完成调试工作，已具备运营条件。新区建成1座公交综合停车场，占地面积约为40000m²，并在2016年建设1座路外生态公共停车场和1座小区生态停车场。其中，路外生态停车场规划面积为36026m²，可提供停车泊位711个；小区生态停车场占地面积为165970m²，可提供停车泊位4742个。新区公交设施建设布局图见图1-32，公交设施实施情况对照表见表1-6。

图1-32

新区公交设施建设布局图

公交设施实施情况对照表　　　　　　　　表1-6

类别	规划情况	实施情况
公交线路	3条内部环线	1条跨区线，尚无内部环线
车辆配置	电动公交车75~82辆	气电混合公交车8辆，天然气公交车5辆
动力能源	电力	天然气
首末站	6个	1个（租赁用地）
充电位	22个	22个

（六）园林绿化

　　绿化等周边环境建设按规划实施，到2015年年底完成总体绿化工程量的60%。其中，道路绿化累计完成10.97万m^2，完成国道G30沿线大规模绿地建设；庭院绿化2015年播绿面积达5.4万m^2，累计完成42.35万m^2，已建成小区的绿化覆盖率达到45%。针对新区园林绿化水量不足的问题，实施园林绿化引水工程，完成月光湖公园东、西两湖的建设，用于园林绿化引水和晒水，保障绿化用水，吐鲁番市新区一期起步区沙漠形象有所改变。新区街道绿化见图1-33，新区住区绿化见图1-34，新区西部人工湖（用于绿化灌溉的晒水）见图1-35。

图1-33

新区街道绿化

图1-34

新区住区绿化

图1-35

新区西部人工湖（用于绿化灌溉的晒水）

（七）太阳能资源观测站

由中国气象局风能太阳能资源中心（现为中国气象局风能太阳中心）建设的吐鲁番太阳能资源观测站，是当时我国第一个专门为太阳能利用而建设的高等级气象站。气象站长期运行，实时监测当地太阳能资源变化，为掌握吐鲁番市新区太阳能资源状况，计算屋顶发电站理论发电量，衡量发电站运行效率，提供实测数据；气象预报实现业务运行，每日定时预测未来3天太阳能资源变化，为微电网调度提供参考。吐鲁番太阳能资源观测站见图1-36。

图1-36
吐鲁番太阳能资源观测站

（八）展示中心

由北京市建筑高能效与城市生态工程技术研究中心主导建设的研究气象与发电效率的展示中心，于2013年12月建成。该展示中心设置太阳能光伏发电系统和风力发电机，容量分别为8.93kW、2kW。目前光伏发电系统运行良好，为展示中心照明、计算机、电动门、空调等设备提供了充足的电能，剩余电能向配电网输出。该展示中心与太阳能资源观测站同步运行，基本实现气象要素与光伏发电功率实时监测，成为光伏发电功率预测和微电网调度的重要依据。

展示中心还设置了容量为750kWh的储能系统，接入点为10kV、50Hz。储能系统设有辅助电池管理（包含电池系统直流汇流设备）的整套蓄电池管理系统，可实现对各蓄电池单体状态（单体电池电压、温度、SOC、SOH、内阻等信息）和蓄电池模块电流进行监控，对蓄电池单体可能出现的故障、异常运行工况进行报警并保护其本体，对蓄电池单体及模块的运行进行优化控制，保证蓄电池安全、可靠、稳定地运行，并通过PCS（双向变流器）对蓄电池定期充放电工作。展示中心见图1-37，展示中心运行数据界面见图1-38，储能系统运行情况见图1-39。

图1-37

展示中心

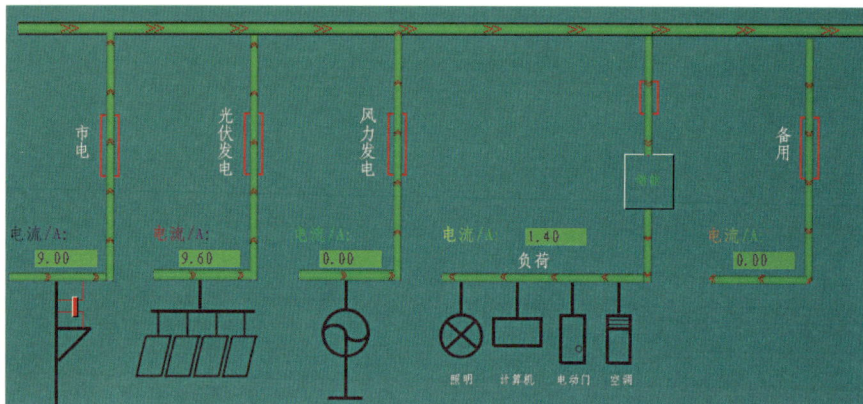

图1-38

展示中心运行数据界面

图1-39

储能系统运行情况

第二章

吐鲁番市新区一期起步区实施运行情况总结

一、微电网系统运行情况总结

吐鲁番市新区一期起步区（本章简称为：新区一期起步区）的微电网项目实行"自发自用、余量上网、电网调剂"的运行机制，光伏发电系统所发电量直接供给电力用户，多余电量由微电网向地区电网出售，不足部分向吐鲁番地区电网购电，与吐鲁番电网公司进行上、下网电量结算。

（一）微电网项目电量平衡分析

1. 光伏发电量分析

新区一期起步区内光伏装机总容量约为8.718MW，于2014年10月全部投入使用。2014~2018年，微电网内光伏发电系统总发电量为4857万kWh，折算满发小时数为5571h。2014~2018年新区一期起步区光伏发电量统计表见表2-1。

2014~2018年新区一期起步区光伏发电量统计表　　表2-1

项目内容	数据
2014~2018年实际发电量（万kWh）	4857
实际发电量折算相当于满发小时数（h）	5571
年均发电量（万kWh）	971.40
月均发电量（万kWh）	80.95
日均发电量（万kWh）	2.66

2014～2018年新区一期起步区光伏发电系统年发电量统计表见表2-2，发电量变化趋势如图2-1所示。由于2014年部分建筑光伏组件未完成并网，因此，2014年发电量相对较低。2015年，8.718MW光伏组件已全部完成并网，与2016年装机容量相同。因系统进行了清洗维护，2016年比2015年全年发电量增长了约6.65%。

2017年末，因新区一期起步区内部分小区装修，导致直流电缆被损坏，损失了部分发电量，尤其是在2018年，损失光伏发电量较多。2018年，锦绣园一区19栋楼中大部分建筑的直流电缆因装修施工导致断裂，无法正常发电，致使2018年总体发电量低于正常水平。2018年发电量约为981.51万kWh，比2017年降低约4.43%。

2014～2018年新区一期起步区光伏发电系统年发电量统计表 表2-2

名称	2014年	2015年	2016年	2017年	2018年
发电量（万kWh）	752.6311	1014.2776	1081.7364	1027.0000	981.5053

发电量（kWh）

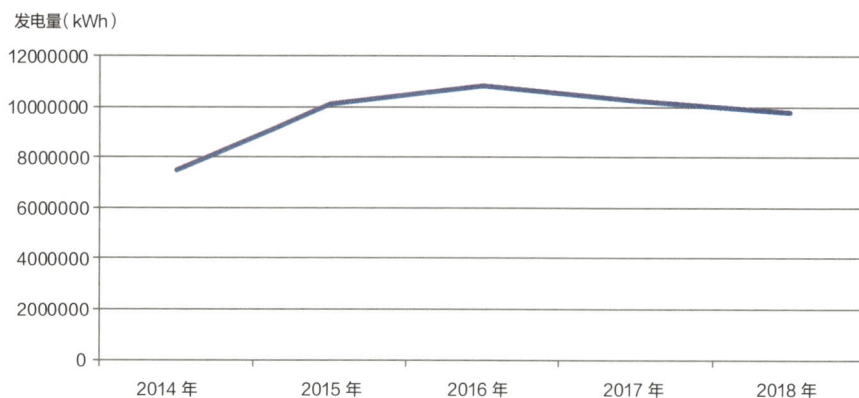

图2-1

2014～2018年新区一期起步区光伏发电系统发电量变化趋势

2. 用电负荷分析

新区一期起步区用电负荷类型分为居民用电、公共设施用电、商业用电、工业用电和地源热泵（大宗客户）用电。2014~2018年新区一期起步区各类用电负荷统计表见表2-3，2014~2018年新区一期起步区各类用电负荷逐年变化趋势见图2-2所示。

2014~2018年新区一期起步区各类用电负荷统计表　　表2-3

项目	2014年	2015年	2016年	2017年	2018年
整体负荷用电量（万kWh）	2365.89	约2737.923	约4083.831	约2966.30	3812.724
居民用电量（万kWh）	126.62	283.8704	438.7785	502.82	641.3422
公共设施用电量（万kWh）	4.25	18.65	22.9451	28.30	72.8478
商业用电量（万kWh）	0.30	17.27	56.5351	136.18	222.9435
工业用电量（万kWh）	15.85	173.9182	46.6449	57.96	85.753
地源热泵用电量（万kWh）	2218.87	2244.214	3518.9276	2241.03	2789.8375

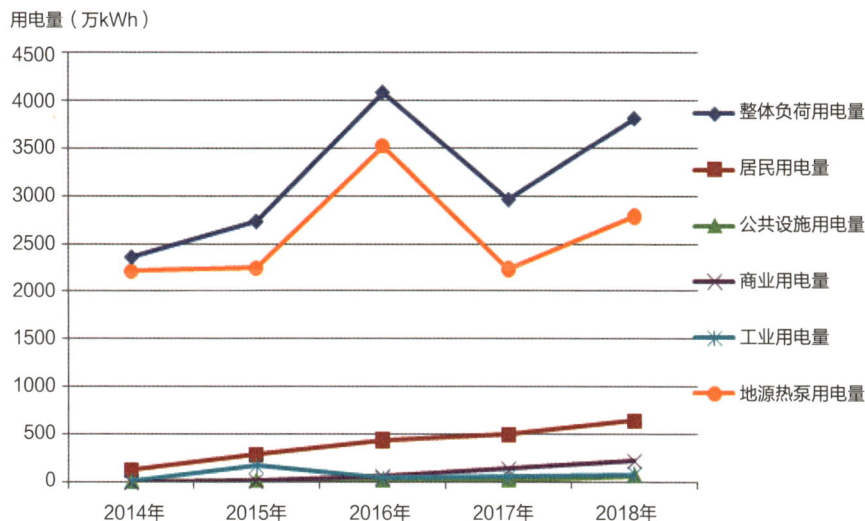

图2-2

2014~2018年新区一期起步区各类用电负荷逐年变化趋势

2016年之前，随着新区一期起步区居民入住率逐年增加，除工业用电负荷外，居民用电量、公共设施用电量、商业用电量以及地源热泵用电量都随入住率增加而增加。相比2015年的40%的入住率，2016年入住率增加了15%，整体用电负荷增加约49.16%。地源热泵用电量增加约56.80%。除地源热泵外，居民、公共设施、商业和工业负荷共增加用电量14.42%，其中商业用电增幅最大，增长约227.36%；居民用电量增长约54.57%；公共设施用电量增长约23.03%；工业用电量则大幅降低。2017年，由于优化了地源热泵运行方案，地源热泵用电量明显下降，节约了电能，因此，新区一期起步区内整体用电量有所下降。但居民用电、公共设施用电、商业用电等负荷仍然呈现增加趋势。2018年，各类用电负荷均有所增长，涨幅均在20%以上。2017年及2018年新区一期起步区居民入住情况见表2-4。2014～2018年新区一期起步区非工业用电负荷增长情况见图2-3。

2017年及2018年新区一期起步区居民入住情况 表2-4

年份	保障性住房入住户数	入住率
2017	3800户	65.6%
2018	4300户	74.2%

用电量（万kWh）

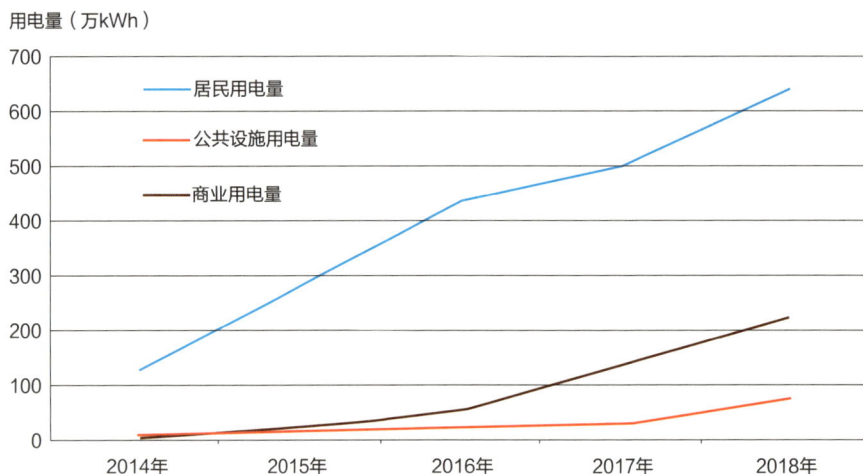

图2-3
2014～2018年新区一期起步区
非工业用电负荷增长情况

2018年，由于入住率再次提高，新区一期起步区内整体用电负荷达到除2016年外的历年最高值，总用电量为3812.724kWh。其中，居民用电量、商业用电量及公共设施用电量逐年上涨，增幅显著。相比2017年，居民用电量增长约27.55%，约是2014年的5倍；商业用电量比2017年增长约63.71%；公共设施用电量增长约157.41%，约是2014年的17倍。

3. 电量平衡分析

根据2018年新区一期起步区微电网发电量统计表（表2-5）可知：2018年新区一期起步区实际发电量为981.5053万kWh，折算满发小时数为1126h。根据表2-3 2018年居民、公共设施、商业、工业和地源热泵总用电量约为3812.72万kWh，其中居民用电量为641.34万kWh，约占总用电量的16.82%；公共设施用电量约为72.85万kWh，约占总用电量的1.91%；商业用电量约为222.94万kWh，约占总用电量的5.85%；工业用电量为85.753万kWh，约占总用电量的2.25%；地源热泵用电量为2789.8375万kWh，约占总用电量的73.17%。2018年新区一期起步区各类用电量占比见图2-4。

2018年新区一期起步区微电网发电量统计表   表2-5

项目内容	数据
2018年实际发电量（万kWh）	981.5053
实际发电量折算相当于满发小时数（h）	1126
月均发电量（万kWh）	81.79
日均发电量（万kWh）	2.69

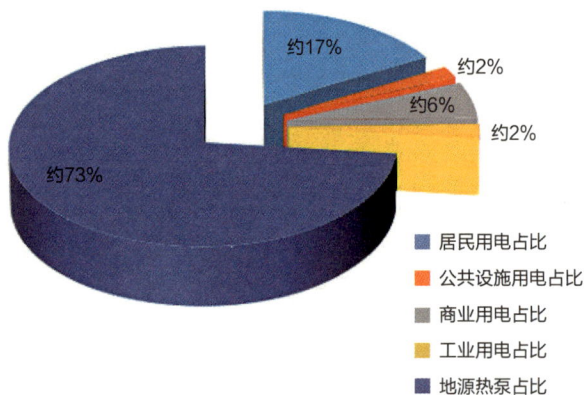

约17%
约2%
约6%
约2%
约73%

居民用电占比
公共设施用电占比
商业用电占比
工业用电占比
地源热泵占比

图2-4

2018年新区一期起步区各类用电量占比

2018年新区一期起步区微电网系统的上网电量为255.72万kWh，自发自用电量为725.79万kWh，光伏发电自发自用的比例约为73.95%，光伏发电量占新区一期起步区整体用电量的比例达到25.74%，可再生能源比例远高于一般绿色生态城区的可再生能源比例指标5%的要求。

由于地源热泵用电占微电网内总负荷用电比例过高，达73.17%，使得制冷和供暖季光伏发电量小于负荷总用电量，这是光伏发电总电量不足的原因。若将地源热泵用电量去除，将光伏发电量与居民用电、商业用电、公共设施用电进行比较，光伏发电在春、夏、秋三季每月的发电量总量均高于非工业用电总量，能够满足居民用电、商业用电、公共设施用电需求。冬季（11月、12月、第二年1~3月）的每月总发电量略低于非工业用电总量。2018年新区一期起步区微电网内光伏发电量、负荷用电量逐月变化情况见图2-5。

整体来看，微电网内光伏系统发电量能够满足春、夏、秋三季除地源热泵外的负荷，并略有结余；冬季光伏系统发电量略低于非工业负荷，需大电网补充。

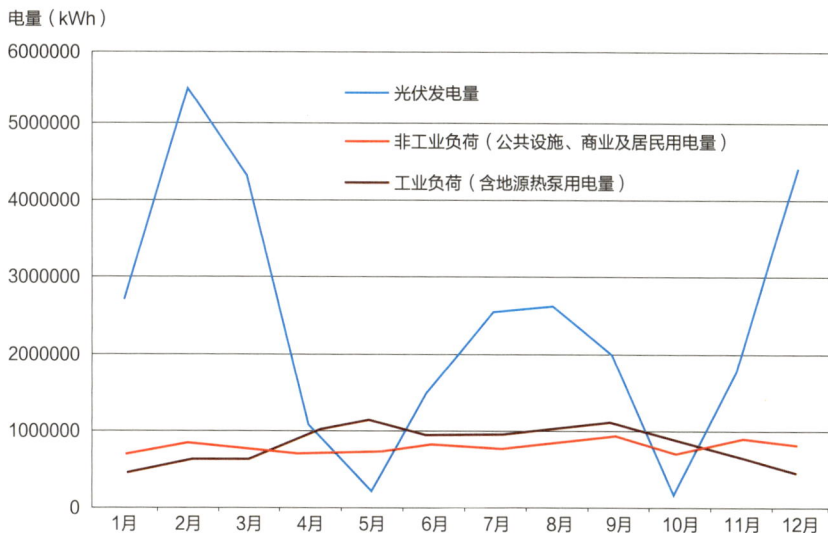

電量（kWh）

图2-5

2018年新区一期起步区微电网内光伏发电量、负荷用电量逐月变化情况

（二）光伏发电功率预测系统

吐鲁番太阳能资源观测站，作为当时我国第一个专门为太阳能利用而建设的高等级气象站，至今运行状况良好，可实时监测当地太阳能资源变化，光伏发电功率预测系统基于数值天气预报模式，能够进行未来72h逐15min预报，每日定时预测未来3天太阳能资源变化。该系统为计算屋顶发电站理论发电量，衡量发电站运行效率提供实测数据。

1. 气象条件对光伏发电的影响分析

光伏发电功率预报的总体思路：根据实际监测数据，建立气象要素和光伏发电功率相关方程，将该方程用于光伏发电功率预报，其中气象要素要具备可预报性。

图2-6给出了逐小时发电功率与斜面总辐射时间的变化图，可见两者有较高的相关关系，说明斜面接收的辐射量越大，光伏组件的发电效率也就越高。

图2-7为发电量与气温年变化之间的关系。可见夏季气温大于25℃时，发电量会受到影响，出现低值，折减比较明显。

图2-6

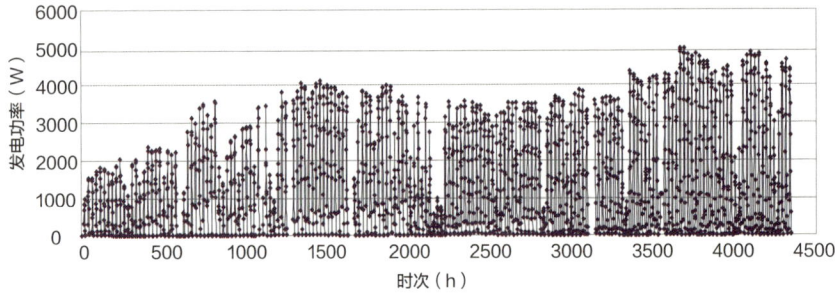

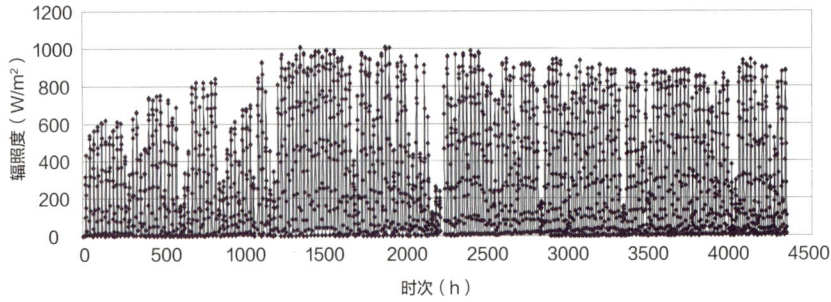

逐小时发电功率与斜面总辐射时间的变化图

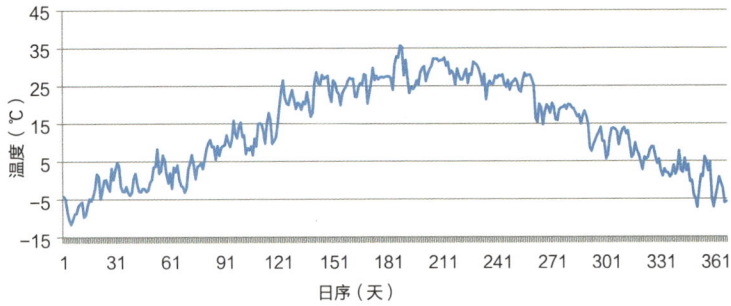

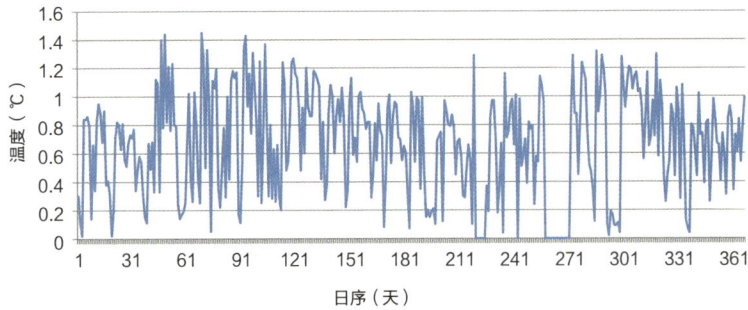

图2-7

发电量与气温年变化之间的关系

图2-8是发电量与相对湿度和降水之间的关系。从图中可见，发电量与相对湿度呈负相关关系，即空气湿度越大，到达光伏组件的太阳辐射越少，发电量越低。图2-8中还给出了发电量和降水的关系，可见，阴雨时段发电量显著偏低。

　　图2-9给出了发电量与沙尘天气之间的关系，图中有3次扬沙浮尘过程，即图中黄点标出的日期，而蓝点则对应降水时段，可见沙尘和降水对太阳能发电都起削弱作用。

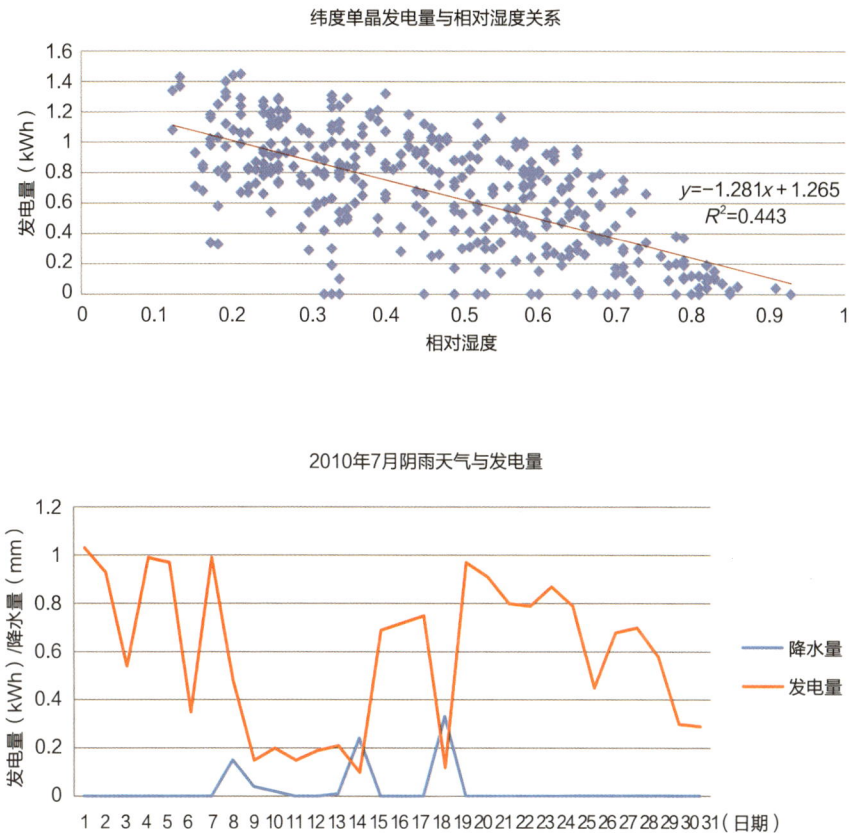

纬度单晶发电量与相对湿度关系

$y = -1.281x + 1.265$
$R^2 = 0.443$

2010年7月阴雨天气与发电量

图2-8

发电量与相对湿度和降水之间的关系

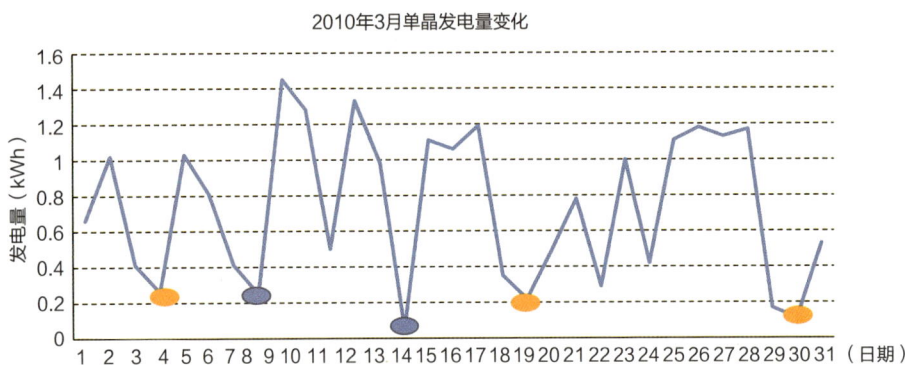

2010年3月单晶发电量变化

图2-9
发电量与沙尘天气之间的
关系

2. 光伏发电功率预测在微电网调度中应用

光伏发电功率预测工作主要面向智能电网快速调整和调度的需要，基于实时观测资料开展未来15~60min内的分钟级太阳能资源预报。

考虑到大气透明度是一个相对稳定的物理量，一般来说，数分钟或数十分钟内大气透明度变化较小，因此，利用大气透明度作为统计推定的基础物理量，以尽量减小天气突变对分钟级太阳能预测的影响。对于未来5min内逐分钟预测，首先算出过去10min内逐分钟的大气透明度，建立这10个数值与时间的一元线性回归关系，以此类推未来1~5min的大气透明度，然后再利用天文辐射和大气透明度计算得到未来1~5min的水平总辐射。

利用大气透明度趋势类推进行吐鲁番试验站水平总辐射逐分钟滚动预测误差分析（表2-6），未来1min的水平总辐射预报误差小于5%，未来5min则小于15%，效果较好。

吐鲁番试验站水平总辐射逐分钟滚动预测误差分析 表2-6

预测时间	绝对误差（W/m²）	相对误差（W/m²）	均方根误差（W/m²）	系统误差（W/m²）	幅度误差（W/m²）	位相误差（W/m²）
未来1min	3.91	4.66	10.69	0.04	0.33	379.44
未来2min	6.55	6.70	14.19	0.08	0.60	504.45
未来3min	9.61	8.69	17.24	0.13	0.97	620.22
未来4min	12.74	11.22	20.06	0.20	1.40	722.10
未来5min	15.78	13.92	22.74	0.30	1.82	809.38

图2-10和图2-11分别给出了吐鲁番市新区晴天和阴雨天的分钟级太阳能资源预报效果。

2014年9月16日（晴天），除了个别时刻，实测值微小的突变没有被预报外，整个预报曲线几乎完全按照实测曲线变化。平均绝对误差为2.38W/m²，平均相对误差仅为0.62%，均方根误差为4.04W/m²。

2014年9月20日，吐鲁番地区总云量为100%，低云量为75%。从逐分钟

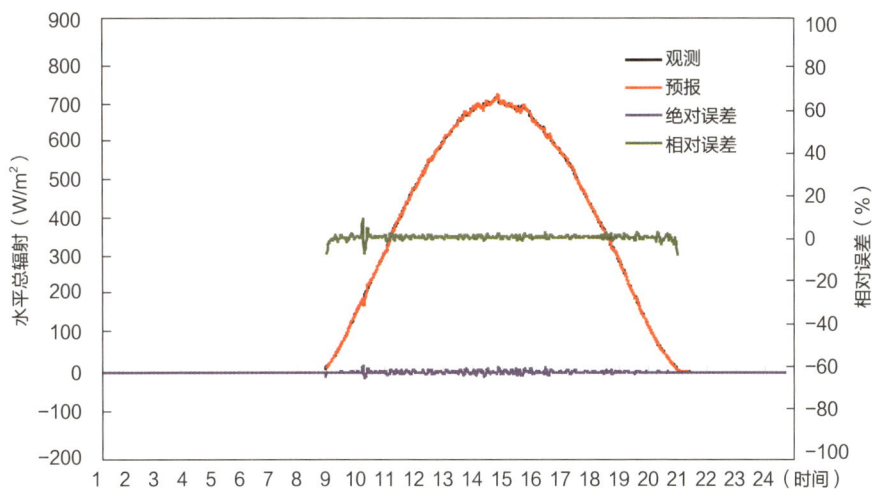

图2-10
吐鲁番市新区晴天的分钟级
太阳能资源预报

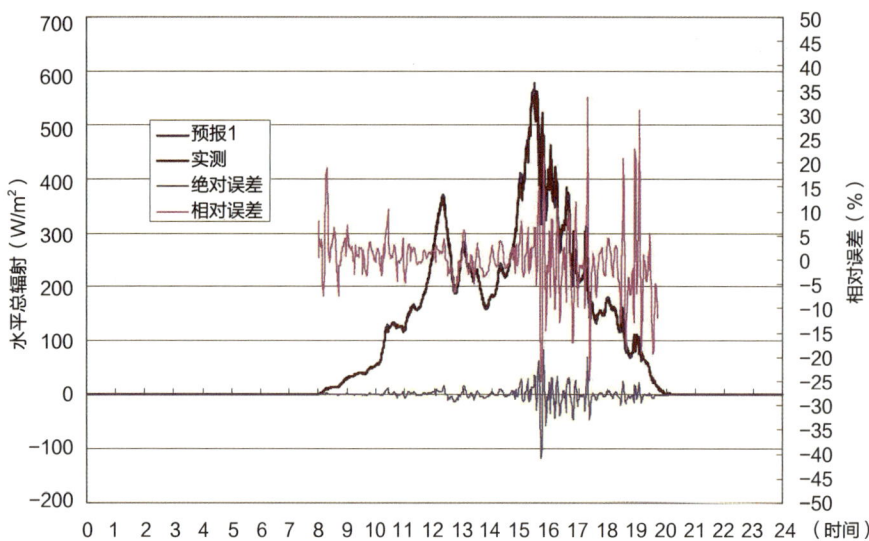

图2-11
吐鲁番市新区阴雨天的分钟
级太阳能资源预报

预测效果来看，除了个别转折时刻绝对误差略大外，大气透明度趋势预测方法能较好地预测未来1min水平总辐射变化特征，全天平均绝对误差为0.37W/m²，平均相对误差为−0.93%，均方根误差为20.33W/m²。

图2-12是2014年9月6日新区一期起步区光伏发电功率预测在微电网调度中的应用示例。

可以看出，在11时之前，根据功率预测结果，光伏发电不能满足当地负荷的需求，这段时间需要从电网调入市电以满足居民用电；11时到16时，光伏发电较强，发电量超过了当地负荷的需求，这段时间应将多余的光伏发电调入市电，获得经济效益；16时之后，光伏发电逐渐减弱，而当地负荷则是一天中最高的时段，无法由光伏发电满足，这段时间仍然需要从电网调入市电以满足居民用电需求。

根据气象条件分析进行光伏发电功率预测，可以有效地对微电网发电情况进行了解，结合微电网内负荷用电需求特点，可以为微电网电力调度提供科学依据。

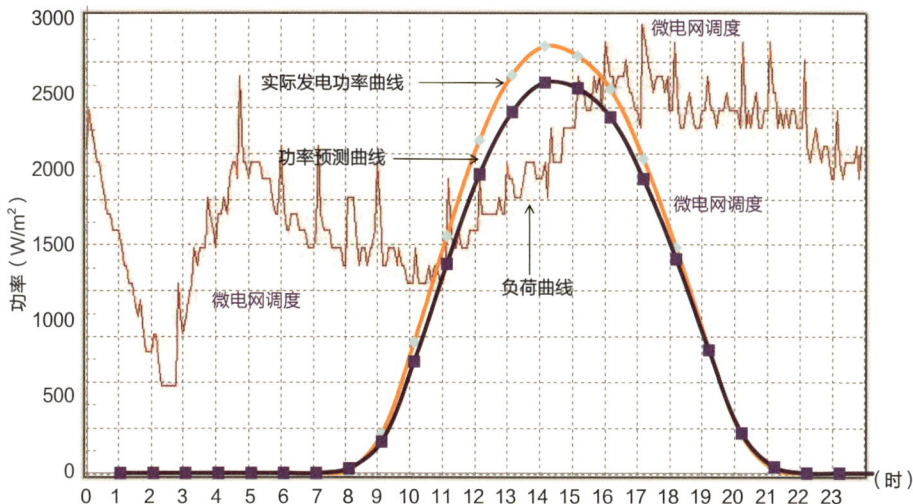

图2-12
新区一期起步区光伏发电功率预测在微电网调度中的应用示例（2014年9月6日）

（三）微电网项目运行模式

为了保证供电服务质量，新区一期起步区委托国家电网吐鲁番供电公司管理10kV开关站及吐鲁番市新区微电网配电系统的运行维护，还包括客户营销服务工作。屋顶光伏部分由龙源吐鲁番新能源有限公司负责运营。

依据《国家发展改革委国家电监会关于新疆吐鲁番新能源示范城市实施方案的请示》（发改能源〔2011〕896号），申报批复屋顶光伏和微电网运营的相关电价如下：

屋顶光伏（8.718MW）上网电价：1.09元/kWh（含税），其中0.25元/kWh（新疆火电脱硫燃煤标杆价）为向微电网售电的价格，其他0.84元/kWh为享受国家可再生能源基金的补贴。

微电网运营电价：①微电网发电上网电价执行新疆脱硫标杆电价0.25元/kWh；②微电网购入电量执行新疆脱硫标杆电价加上国家已颁布的输配电价，即购电价为0.437元/kWh[（0.25 +0.187）元/kWh]；③微电网向用户的售电价格，参照吐鲁番电网销售电价执行。

（四）小结与建议

1. 总体评价

新区一期起步区微电网项目是国内首次通过采用"自发自用、余量上网、电网调剂、双向计量"的原则进行规划设计的微电网示范工程，实现了新能源相关技术的应用，集气象、规划、建筑、微电网管理、绿色交通技术于一体，整个项目充分发挥市场机制作用，考虑实施的经济性，使老百姓受益。该项目从技术研究入手，推动了政策制定和机制的创新，组织社会实践，用实践证明了可再生能源规模化利用的可行性，真正落实国家可再生能源的发展政策，有效地推进了电力体制改革。

2. 经验

（1）分布式能源、微电网是未来能源利用趋势

以分布式光伏发电、风电为代表的分布式能源是一种具有广阔发展前景的能源综合利用方式。它倡导就近发电、就近并网、就近转换、就近使用的原则，不仅能够有效地提高光伏、风电等发电站的发电量，同时还有效地解决了电力在升压及长途运输中的损耗问题。新区一期起步区微电网充分发挥了吐鲁番良好的太阳能等资源，将发电中心与用电中心相匹配，有效地实现了能源的分布式利用。

新区一期起步区微电网具备较高新能源电力接入比例，通过储能系统、能力管理系统、光伏发电功率预测系统等优化配置，实现本地发电与用电基本平衡，并根据需要与公共电网灵活互动，这种智慧型能源综合利用方式可有效地提升新能源使用效率，促进新能源的大规模应用。

新区一期起步区微电网项目充分发挥市场机制作用，考虑实施的经济性，使老百姓受益。项目的良好运行证明，包括新能源、储能、能量管理系统等在内的微电网代表了未来能源的发展趋势，对推进节能减排和实现能源可持续性发展具有重要的意义。同时，新能源微电网是电网配售侧向社会主体放开的一

种具体方式，符合电力体制改革的方向，可为新能源产业发展带来推作用。

（2）气象预测为微电网调度提供大数据支撑

微电网以降低能源成本、减少碳排放量、提高用电可靠性为目标，协调微电网内的可再生能源、储能系统、可控负荷等设备，进而实现微电网的安全、稳定、经济运行。新区一期起步区微电网以光伏发电功率预测为依据，进行微电网控制和调度，是微电网项目重要的能源优化方式，其精确的光伏预测精度和合理的调度策略能够保证微电网系统安全、稳定地运行。

同时，气象预测也是推进电力体制改革的重要手段。2015年3月《中共中央国务院关于进一步深化电力体制改革的若干意见》（中发〔2015〕9号）发布。2015年11月，《国家发展改革委 国家能源局关于印发电力体制改革配套文件的通知》（发改经体〔2015〕2752号）发布，包含《关于推进输配电价改革的实施意见》《关于推进电力市场建设的实施意见》《关于有序放开发用电计划的实施意见》《关于推进售电侧改革的实施意见》等电力体制改革配套文件。基于光伏发电预测的不确定性，以微电网中光伏发电系统的功率预测为基础，可以实现随机环境下的能源优化调度，对电力系统调度、电力市场营销，以及发电公司竞价上网都有很大影响，对推进输配电价改革、推进电力市场建设、推进售电侧改革等均能发挥积极作用，并可以促进中长期交易、现货交易市场的构建，加强跨省、跨区域能源优化配置，进而极大地推进电力体制的改革。

3. 不足与改进建议

1）屋顶光伏系统

（1）公共建筑未能安装光伏系统

不足分析：多数公共服务配套建筑未能做到太阳能建筑一体化设计。按照用电规律，公共建筑的用电高峰主要在白天，这与发电高峰一致，但由于投资单位不同，以及存在的一些协调和管理问题，多数公共建筑没有做到太阳能建筑一体化，用电高峰和发电高峰未能实现很好的结合。这也是光伏实际容量（9.918MW）低于规划容量（13.4MW）的原因之一。

改进建议：加强协调力度，在国家机关、学校、医院、保障性住房等政府投资或使用财政资金的建设项目、单体建筑面积超过一定面积的大型公共建筑，按照绿色建筑标准进行规划、设计、建设和管理，在新建建筑中强制要求安装光伏系统，以点带面，开展示范，扩大可再生能源建筑应用规模，提高应用水平。

（2）光伏发电量有待提高

不足分析：2015年8.718MW光伏电板年发电量为1014.28万kWh，比设计数据13.4MW发电量达到1580.8万kWh，低了约35.84%。经过分析，影响发电量的主要因素有：①光伏板安装容量变小。②沙尘及气候影响。吐鲁番气候特点是沙尘多，气候炎热，降雨量少。③清洗不方便且费用高。在建筑设计时，为尽可能多地排布太阳能电池板，考虑配备专门的升降车用于屋面太阳能板检修和维护清洗，在屋面设计时未预留检修和维护通道。目前，采用人工+洒水车冲洗方式进行屋顶光伏板的清洗，清洗前、后的发电量相差约38.43%；但是屋顶光伏板清洗成本较高，每年约清洗6次。④人为影响。个别居民住户在进行房屋装修过程中接线不规范，存在私自乱接线等现象，经常导致配电箱总开关跳闸，影响光伏逆变器的正常运行，影响光伏发电量。

改进建议：①在剩余24栋住宅屋顶安装光伏板。②在尘土较大地区安装光伏系统，设计时要更加注意气候环境因素分析。在计算光伏系统效率损失时，提高由尘土覆盖带来的系统损耗率，使得发电量计算更加符合当地情况。③光伏发电系统方案设计要考虑清洗的便捷性和经济性，在屋顶预留清洗、维护通道。④严格规范居民用电行为，通过科学管理提高光伏系统发电量。

2）配套系统

不足分析：光伏发电系统运行的稳定性影响到微电网内用户侧负荷供电的稳定性和电能质量，也关系到大电网安全稳定运行。因此，强化微电网、光伏发电系统运行数据分析至关重要，这些实际的运行数据对光伏发电系统以及微电网运行的研究具有重要意义。但是，由于项目研究团队大部分在北京办公，对零能耗展示中心日常维护不够，未能起到长期、连续的数据监测作用，已有的监测数据质量不高，分析应用不够深入。尽管气象预报已实现每日定时提供未来3天的太阳能资源变化，但目前尚未真正将预报数据融入微电网调度。在特殊天气或天气转型过程中，太阳能资源的预报准确率不高，有待天气预报技术整体水平的提高。

改进建议：①应加强展示中心的运行维护，建议委托吐鲁番市新区气象站负责光伏组件的维护、清洗，为数据的进一步积累打下良好的基础。②强化微电网、光伏发电系统运行数据分析，检验微电网源荷配比、稳定性等性能，将长期的光伏发电数据与气象数据进行对比研究，可提高光功率及光伏功率预测精度，为微电网智能调度提供重要依据。

3）运行模式

不足分析：2015年3月《中共中央国务院关于进一步深化电力体制改革的若干意见》（中发〔2015〕9号）及11月的6份配套文件，共同构成了新一轮电力体制改革的路线图。其中，《关于推进售电侧改革的实施意见》指出：通过逐步放开售电业务，进一步引入竞争，完善电力市场运行机制，充分发挥市场在资源配置中的决定性作用，鼓励越来越多的市场主体参与售电市场。

新区一期起步区的一个重要方面就是推动微电网分布式供电和收费机制的改革，形成有效竞争的市场结构和市场体系，促进能源资源优化配置，提高能源利用效率和清洁能源消纳水平，提高供电安全可靠性，这个目标正是新一轮电力体制改革的工作内容之一。新区一期起步区项目引入了市场化机制，由多种投资主体介入微电网建设，组建了专门的微电网建设运营公司——龙源吐鲁番新能源有限公司，给用户带来实质性的利益。但由于在项目建设完成时我国电力体制在发、输、配、售电等环节的不足够顺畅，该公司将该项目（如电费收取等）交由国家电网公司运营。

改进建议：建议国家发改委和国家能源局安排专题调研，继续以新区一期起步区微电网项目为典型，提出专题指导意见，推动微电网分布式供电和收费机制的改革，形成有效竞争的市场结构和市场体系，促进深化改革，为落实党中央"十三五"规划纲要提出的新能源改革目标发挥示范作用。

二、地源热泵系统运行情况总结

（一）地源热泵系统运行数据分析

在新区一期起步区中影响地下水地源热泵系统最终能耗的主要有两方面的因素：一是系统的实际运行效率，二是末端居民的实际使用方式。因此，为了解整个地下水地源热泵系统的实际运行情况，采取了实地测试和考察。

1. 系统运行效率测试

新区一期起步区保障房地源热泵系统运行情况由国家空调设备质量监督检验中心于2015年夏季进行了实测，由清华大学建筑节能研究中心于2017年冬季进行了实测。

新区一期起步区保障房地源热泵系统夏季运行结果如表2-7所示，表中数据为2015年8月27日～9月8日进行实地测试获得。可以看到在这段时间内，各机组供冷的平均COP为4.77，低于设计工况的7.27；系统平均EER（系统总供冷量/系统总耗电量）为3.16，与夏热冬冷地区同类型的地下水地源热泵系统的平均水平相当。

新区一期起步区保障房地源热泵系统夏季运行结果　　　　　　表2-7

地点	机组平均COP	系统EER	负荷率	平均COP	平均EER	总负荷率	测试时间
宜居园	4.93	3.08	69.83%	4.77	3.16	63.74%	2015.8～2015.9
阳光园	4.82	3.27	57.18%				
能惠园、鸿景园	4.74	3.20	68.99%				
友谊园	4.61	3.08	61.50%				

夏季各系统用户侧与水源侧水温如表2-8所示。从水温数据上看，机组在夏季运行主要存在用户侧和水源侧供回水温差小于设计工况的现象。这导致了两方面的问题：

第一，水源侧夏季设计进出水温度为32/18℃，按照两侧趋近温度均为1℃估算，在设计工况下，机组冷凝温度在33℃左右；但在实际运行中，几个机房平均冷凝侧出水温度仅为24.55℃，冷凝温度在25℃左右。以宜居园为例，热泵机组蒸发冷凝侧温差对比情况如表2-9所示。可见，实际工况的两侧温差远小于设计工况和机组标准工况，这会使得机组在小压比工况下运行，但当压比过小时，会超出现有节流阀的调控范围，使得制冷剂流量不足，大大降低冷机效率，所以目前冷机平均COP仅为4.77，远小于额定COP。

第二，实际工况下的蒸发冷凝侧供回水温差均小于设计工况，这也说明系统两侧流量偏大，消耗了更多的水泵电耗，进一步降低了系统的EER。

夏季各系统用户侧与水源侧水温   表2-8

地点	用户侧出水/进水（℃）	水源侧出水/进水（℃）
宜居园	10.3/14.0	23.4/18.0
阳光园	10.7/13.8	23.1/18.0
能惠园、鸿景园	10.6/14.6	25.7/17.3
友谊园	11.0/14.5	26.0/18.8
设计工况	10/16	32/18
机组标准工况	7/12	33/25

宜居园热泵机组蒸发冷凝侧温差对比情况   表2-9

地点	蒸发温度（℃）	冷凝温度（℃）	蒸发冷凝温差（℃）
宜居园	9.3	24.4	15.1
设计工况	9	33	24
机组标准工况	6	34	28

冬季运行数据是由清华大学建筑节能研究中心于2017年11月22日～11月26日对宜居园与阳光园小区进行实地测试获得，结果如表2-10所示。

2017年11月22日～11月26日对宜居园与阳光园小区进行实地测试获得结果   表2-10

地点	机组平均COP	系统EER	负荷率	平均COP	平均EER	总负荷率
宜居园	6.4	3.3	71.13%	6.0	3.64	60.66%
阳光园	5.9	3.8	56.88%			

可以看到这段时间内，各机组供热的平均COP为6.0，与设计工况相当；系统平均EER（系统总供热量/系统总耗电量）为3.64，与夏热冬冷地区同类型的地下水地源热泵系统的平均水平相当。

冬季各系统用户侧与水源侧水温如表2-11所示。整体来看，对比机组两侧的进出水温度，冬季机组的蒸发冷凝温度基本与设计工况相符，机组实际运行的COP高，与额定工况COP相当，运行状态良好。但是相对于较高的COP，系统的EER仅有3.64，运行过程中水泵耗电量大，这是由于在实际工况下，两侧供回水温差与设计工况相比数值偏小，实际导致输配能耗上升。

冬季各系统用户侧与水源侧水温   表2-11

地点	用户侧出水/进水（℃）	水源侧出水/进水（℃）
宜居园	40.2/37.1	14.0/19.4
阳光园	40.3/36.2	11.3/18.0
设计工况	42/36	8/18

2. 末端使用方式调查

考虑到末端使用模式，目前，新区一期起步区住宅的供冷供热的收费方式为两步制收费，其中30%为基础费，其余70%按照冷热量收费。以每平方米18.6元

（供热）、18元（供冷）为收费基准，基准费用=单位平方米价格×平方米数。按照上述收费方式，最终费用超过基准费用的，按照基准费用收取，少于基准费用的按照实际用量收取。这实际上是一种"多退、少不补"的收费方式，鼓励了部分用户无节制地用能。在实际走访中我们也发现，绝大多数住户冬夏两季均采用全时间、全空间的供冷与供暖方式，并且存在着较严重的过量供冷与供暖的现状。

对于夏季的室内平均温度，2015年中国建筑科学研究院空调设备质量监督检验中心在各小区随机抽取10户家庭进行入户室温实测，结果如表2-12所示。

夏季各小区随机抽取10户家庭进行入户室温实测结果　表2-12

地点	宜居园	阳光园	能慧园	鸿景园	友谊园	总平均值
平均温度（℃）	24.52	25.16	24.52	24.52	23.09	约24.36

对于冬季的室内平均温度，2017年清华大学建筑节能研究中心根据计量平台的实时监测数据，得到冬季各小区住户室内的平均温度如表2-13所示。同时，以宜居园为例，统计12月12日15时各住户室内温度分布情况，如图2-13所示。

冬季各小区住户室内的平均温度　表2-13

地点	宜居园	阳光园	能慧园	鸿景园	友谊园	总平均值
平均温度（℃）	22.75	23.72	23.77	23.86	23.95	23.61

可见，新区一期起步区居民家庭室内平均温度：夏季约为24.36℃，低于26℃；冬季为23.61℃，高于20℃。存在夏季供冷居民室内温度过低，冬季供热居民室内温度过高的现象。并且从宜居园的冬季居民室内温度分布情况来看：有超过37.56%的家庭室内温度高于24℃，远远高于标准要求的20℃；另有75.11%的家庭室内温度高于22℃，在走访的过程中还发现部分住户冬季家中温度已经达到25℃，甚至达到27℃，住户仍对供热效果不满意，这正是由于上封顶的收费机制导致的居民使用习惯的变化，进而引发了这种奢侈浪费的使用现象。

宜居园小区末端住户室内温度分布

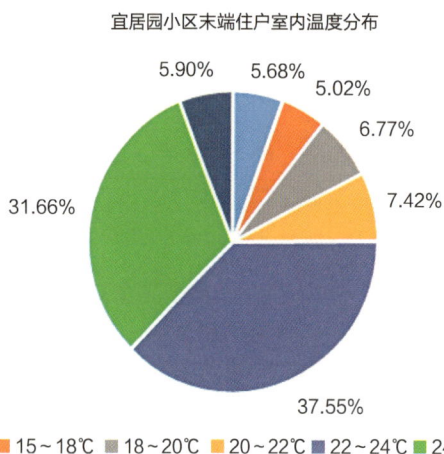

图2-13

宜居园小区12月12日15时各住户室内温度分布情况

■ 15℃以下　■ 15~18℃　■ 18~20℃　■ 20~22℃　■ 22~24℃　■ 24~26℃　■ 26℃以上

（二）与传统能源系统的比较分析

1. 能耗分析

根据相关计量单位所提供的冷热量计量数据，新区一期起步区家庭平均年耗冷量为76.5kWh/m²，是我国北方城镇家庭平均耗冷量的10倍。年耗热量为79.1kWh/m²，吐鲁番地区正常供暖时间为155天，耗热量指标为21.26W/m²。

根据2015年新区一期起步区用电量数据统计，住宅平均年供热用电量约为29.01kWh/m²，平均年制冷用电量约为26.35kWh/m²，2015年新区一期起步区具体用电量见表2-14。

2015年新区一期起步区具体用电量　　表2-14

	主要内容	2015年		主要内容	2015年
供热	住宅年供热用电量（万kWh）	1305.37	制冷	住宅年制冷用电量（万kWh）	606.00
	供热住宅面积（m²）	450000		制冷住宅面积（m²）	230000
	每平方米住宅年供热用电量（kWh）	约29.01		每平方米住宅年制冷用电量（kWh）	约26.35
	每平方米住宅年供热费用（元）	16.24		每平方米住宅年制冷费用（元）	14.75

根据以上分析，新区一期起步区地源热泵系统实际耗热量指标为21.26W/m²，与当地居住建筑节能65%的耗热量指标18.60W/m²比较，起步区居住建筑耗热量高出约14.30%。而以居住建筑安装分体式空调的用电量每年5kWh/m²测算，地源热泵制冷用电量为26.35kWh/m²，比分体式空调用电量高出427%。

2. 不同能源系统比较

对不同能源系统供冷供热的能耗、成本、优缺点进行分析，得出如表2-15和表2-16所示结果。

不同能源系统供冷供热的能耗、成本分析　　　　　　　表2-15

供热供冷情况类别			每平方米年耗热/冷量（W/m²）	每平方米年耗电量（kWh/m²）	用电成本（元/m²）	
方式	类型	供热供冷方式				
方式一	集中供热	燃煤锅炉供热	18.60	—	21.42（全部成本）	30.86
	分散供冷	分散式空调	—	5	9.44	
方式二	集中供热	燃煤锅炉供热	18.60	—	21.42（全部成本）	36.17
	集中供冷	地源热泵系统	—	26.35	14.75	
方式三	集中供热	地源热泵系统	21.26	29.01	16.24	30.99
	集中供冷	地源热泵系统	—	26.35	14.75	
方式四	集中供热	地源热泵系统	21.26	29.01	16.24	25.68
	分散供冷	分散式空调	—	5	9.44	

供热供冷情况类别			优缺点		
方式	类型	供热供冷方式	能源消耗量	运行成本	
方式一	集中供热	燃煤锅炉供热	燃煤供热，供热能耗较高	较高	较高
	分散供冷	分散式空调	用电制冷，居民按需使用，供冷能耗低	较低	
方式二	集中供热	燃煤锅炉供热	燃煤供热，供热能耗较高	较高	高
	集中供冷	地源热泵系统	利用地热能，用电转化，供冷能耗高	较高	
方式三	集中供热	地源热泵系统	利用地热能，用电转化，供热能耗较低	较低	较高
	集中供冷	地源热泵系统	利用地热能，用电转化，供冷能耗高	较高	
方式四	集中供热	地源热泵系统	利用地热能，用电转化，供热能耗较低	较低	低
	分散供冷	分散式空调	用电制冷，居民按需使用，供冷能耗低	较低	

因此，采用地源热泵集中供热、分散式空调供冷的方式，能源消耗量较低、运行成本较低，推荐采用此种方式进行供热、供冷。

（三）小结与建议

1. 应用效果

根据当前能效测试评估，热泵机组运行稳定，制冷能效满足国家标准要求，但比设计的能效值低。

根据计算，新区一期起步区地源热泵系统冬季耗热量为21.26W/m^2，比节能65%的耗热量指标要高，需要通过提高运行效率降低耗热量，但与传统的燃煤锅炉供热相比，仍可节省标准煤约3.37kg/m^2，具有较好的节能效果。地源热泵系统制冷用电量指标为26.35kWh/m^2，比分体式空调能耗高，这与集中式地源热泵无法进行户内独立、分时控制的运行方式有一定关系。

因此，根据项目实际运行情况可知：利用地源热泵供热有一定节能优势；如在对舒适度要求不高的情况下，地源热泵制冷不具有优势，但在舒适度要求较高的情况下，地源热泵制冷具有一定的优势和推广价值。

2. 问题与不足

新区一期起步区热泵系统目前运行能耗较高，特别是在夏季运行地源热泵系统，与传统的分体空调相比，不具备节能优势。同时，小户型户内也因节约造价，没有安装控制阀，导致住户无法调节送风大小，可控性差。

地源热泵系统运行调试工作做得不够好，供冷及供暖的时间和温度与需求不匹配，导致住户室内夏天过冷、冬天过热，系统运行效率低，既浪费能源，又降低了舒适度。

住宅实行的"多退，少不补"的收费方式，鼓励了部分住户无节制地用能，绝大多数住户冬夏两季均采用全时间、全空间的供冷与供暖方式，存在着较严重的过量供冷、供暖的现象。

3. 改进建议

建议进一步提高地源热泵的运行效率。2014～2018年新区一期起步区地源热泵用电量约占新区一期起步区整体用电量的81.5%，而地源热泵用电特性和光伏发电特性都具有明显的季节性，不匹配，建议在新区一期起步区剩余屋顶上加快建设光伏发电系统的基础上，通过终端温度控制提高地源热泵的运行效率或热泵机组错峰运行，根据微电网内实时电量平衡状态和供暖制冷实时温度，分时段运行热泵机组。

建议使用合同能源管理的方式提高管理水平、运行效率。建立健全热泵系统管理人员岗位职责，加强对系统运行数据的采集和分析工作，及时发现问题、解决问题，确保系统正常运行。管理人员可通过系统运行数据分析，逐步完善系统运行能耗控制程序和管理策略。

在末端收费机制上，建议采用上不封顶的收费方式，多用者多缴费，少用者少缴费，可以从根源上解决现有的冷热量过量使用的问题，减少末端的冷热量需求。

三、绿色交通系统实施运行情况总结

截至2015年底，新老城区之间已开通1条跨区公交线，公交线路沿新区主要道路运行，单程设站25个（含港湾式公交车站14个），线路较长。已投入新能源气电混合动力公交车8辆，天然气单燃料公交车5辆，共计13辆公交车，发车间隔为15~20min。

新区一期起步区现有道路均采用双向交通组织方式；早晚高峰对外主要干道如火焰山路的交通流量较大，这是由于目前入住吐鲁番市新区的居民大多为公务员和教师等公职人员，其工作单位大部分仍在老城区内，导致目前新区职住分离现象较为突出，跨区交通出行比例较高，出行方式以常规公交车和小汽车出行为主，小汽车出行比例接近一半。

新区一期起步区设计绿色公交汽车充电系统，电动公交车辆利用储能电池在运营间歇充电，可以有效地消纳发电高峰期的电能，平衡上下网电量。但是，由于吐鲁番地区气候条件特殊，夏季气温过高，目前电动公交车的电池在夏季高温下可能存在着爆炸、自燃的问题，且所配备的蓄电池容量较小，仅可支持车辆运行2h，没有很好的续航性，因此项目实施中对纯电动公共汽车的使用较为谨慎，投入量较小，代替投入使用了部分气电混合动力公交车和天然气燃料公交车。已建成的公交车充电站尚未投入使用，无法体现新区绿色交通发展采用电动公交车的特色，未能达到通过电动公交系统实现对微电网调峰蓄能作用的目的。

一、太阳能建筑评估

（一）评估方法

在梳理国内外太阳能建筑相关评价的标准和文献基础上，制定吐鲁番市新区一期起步区（本章简称为：新区一期起步区）项目的太阳能建筑一体化评价内容列表，并通过审看图纸及报告资料、访谈及现场调研等方式进行核查，分别给出好、较好、一般、没考虑四个等级的评价结果。在此基础上，总结项目经验和不足，并提出进一步的改进措施及对策。

（二）评估结果

新区一期起步区项目太阳能建筑一体化评价情况如表3-1所示。

新区一期起步区项目太阳能建筑一体化评价情况　　　　　　　表3-1

领域	分项	主要要点	好	较好	一般	没考虑	备注
一般规定	安全性	安装在建筑各部位的太阳能设备，包括一般的光热构件、光电构件和直接构成建筑围护结构的光伏构件，本身应符合安全要求，达到行业的质量标准，并应满足相应部位的建筑围护、建筑节能、结构安全和电气安全等要求	√				访谈、现场调研
	实施性	建筑设计应根据太阳能设备的类型、安装位置和安装方式，为其安装、使用、维护和保养等提供必要的承载条件和空间		√			访谈、现场调研

领域	分项	主要要点	好	较好	一般	没考虑	备注
一般规定	美观性	太阳能设备的类型、安装位置、安装方式和颜色的选择应结合建筑功能、建筑外观以及周围环境条件进行处理，并应使之成为建筑的有机组成部分	√				现场调研
总体布局	总体关系	总平面布局应根据基地的地理位置、气候特征及太阳能资源条件，确定建筑物的朝向、间距、群体组合和空间关系	√				图纸、访谈、现场调研
	建筑朝向	按照利用太阳能的要求，建筑的主要朝向应为南向或接近南向，具体按照当地情况确定	√				图纸、现场调研
	日照间距	太阳能设备应避免互相遮挡，同时避免高大植物对其的遮挡和阴影。 同时，还应遵守当地关于建筑间距和建筑日照的要求	√				图纸、现场调研
单体设计	建筑外形	建筑体形、屋顶坡度应尽量为太阳能设备提供接受更多的太阳能创造条件	√				图纸、现场调研
	安装构造	太阳能设备与建筑物的连接固定应安全、合理，应有利于最大限度地发挥太阳能设备的效率		√			现场调研
		太阳能设备的安装不能影响建筑物本身的防水、保温等要求		√			
	维护更换	应考虑太阳能设备与建筑物本身不同使用寿命的情况，为更换和维修设备提供方便			√		对太阳能设备的清洁维护考虑不够
	建筑节能	建筑物应同时满足国家及当地的节能要求	√				图纸、相关资料

领域	分项	主要要点	好	较好	一般	没考虑	备注
其他项	—	达到绿色三星标准	√				图纸、相关资料
创新项	—	①研究了住区容积率与太阳能利用的供需平衡关系，确定采用低层高密度的建筑布局，使太阳能光电、光热得到最优化利用。 ②造价低，具有推广性	√				相关研究报告

（三）评估结论及建议

1. 评估结论

新区一期起步区从当地的自然条件出发，在被动设计、光热、光电利用太阳能资源方面进行了全面的探索，在太阳能建筑方面取得的主要成果如下：

①研究了住区容积率与太阳能利用的供需平衡关系，采用低层高密度的建筑布局，使太阳能光电、光热得到最优化利用；

②住区建筑设计与太阳能利用同步进行，在前期科研成果的支撑下，探索了太阳能建筑一体化的设计与建设，在建筑朝向、间距、太阳能光电光热设施倾斜角等方面都达到理想效果，具有示范性；

③将可再生能源利用与建筑节能、绿色设计相结合，取得了节能、减排的综合效益，具有推广示范意义；

④充分考虑当地的社会经济条件和地域文化特点，取得了低造价下实现绿色设计目标的经验，具有推广价值。

总体而言，该项目取得的经验具有推广示范价值。

2. 不足及原因

从太阳能建筑一体化角度而言，本项目的主要不足之处有：

①太阳能设备模数与建筑构件尺寸不匹配，导致两者尺寸上的差异，对美观有所影响；

②收边构件不配套，影响美观，亦影响安装；

③缺少检修通道，导致太阳能设备清洗、维护和保养的困难；

④对当地的风沙严重度估计不足，没有设置相关的清洗设备，屋面也无防水层，导致太阳能设备清洗困难。如果不及时清洗太阳能设备，则又会导致太阳能设备的发电、发热效率下降；

⑤有些太阳能设备会产生振动、噪声。

产生上述问题的主要原因分析如下：

①造价原因。由于造价控制较严，导致设计中的不少措施无法实施，亦导致无法委托具有成熟管理经验的承包商施工，最终造成使用不便；

②协调原因。太阳能建筑一体化涉及很多协调工作，有关单位已经努力协调，但由于不同单位的介入时间不同、技术能力不同，加之地理原因、工期进度原因、沟通原因等，最终导致不少设计意图没有被落实；

③经验不足。对于有些可能存在的问题（如：当地的风沙对太阳能设备的影响）虽有考虑，但仍估计不足，造成后期使用、维护上的麻烦。

3. 改进措施及对策

该项目积累的经验为未来太阳能建筑一体化发展提供了支撑，有助于更好地推广经验，取得更理想的效果。未来的改进措施与对策见表3-2。

未来的改进措施与对策   表3-2

经验	问题及原因	未来的改进措施与对策
一般性经验	造价原因	①适当提高工程造价； ②可以在经济条件较好的地区继续示范； ③随着太阳能利用技术和相关设备的成熟与推广，有些造价也有下浮的可能性

经验	问题及原因	未来的改进措施与对策
一般性经验	协调原因	①相关厂商应更早介入； ②相关的招标投标机制可以适当完善； ③强化设计单位、设计人员的协调地位； ④业主也应配合设计单位，做好协调工作
	经验不足	①培训相关设计人员； ②事先对项目、场地进行更详细的调研； ③保证充分的设计、施工周期，使各项工作更加周密
特殊性经验	太阳设备模数与建筑构件尺寸的不匹配	①供应商尽早介入，提供、开发相关针对性的产品； ②设计人员尽力协调二者之间的关系； ③可以采用一些"特殊的太阳能构件"（指：纯粹出于视觉效果需要，不产电、不产热，但外观与光热光电设备相同的构件）
	收边构件	①供应商应开发一些适用于太阳能建筑一体化的、便于施工、便于维护的特殊配套构件，以形成良好的外观效果； ②土建设计人员亦可参与收边构件的设计
	检修通道	①应事先预留检修通道，以便太阳能设备的维护、修理、更换； ②在前期设计中考虑多种检修、维护的可能性； ③选用高质量的太阳能设备，减少维护的次数
	太阳能设备的清洗	①是否有可能开发抗风沙的、自洁的太阳能设备； ②在屋顶预留冲洗设备； ③屋顶按常规做好防水层
	振动、噪声现象	①对接产生振动的设备应采取避振措施； ②应对噪声源进行隔绝处理

二、清洁能源利用评估

（一）评估方法

　　基于新区一期起步区2015年至2016年的实际用能统计数据，对清洁能源使用比例进行测算，并评估太阳能光电系统和太阳能光热系统的实际使用效果。在此基础上，总结项目经验和不足，并提出进一步的改进措施及对策。

（二）评估结果

1. 清洁能源利用比例

　　新区一期起步区主要能源供应的形式为电网供电和光伏发电。主要用电负荷为居民日常用电、地源热泵系统用电、电动汽车系统用电。目前储能蓄电池组仅作为重要负荷应急供电保障性使用，并未进行削峰填谷使用。2015年和2016年清洁能源发电量（光伏发电量）占起步区整体用电量的比例分别约为37.05%和26.49%（表3-3），远高于一般绿色生态城区的可再生能源比例指标（该比例指标是5%）。

2015年和2016年新区一期起步区清洁能源发电量比例　　表3-3

年份	总用电量（万kWh）	光伏发电量（万kWh）	清洁能源发电量比例约为
2015	2737.923	1014.2776	37.05%
2016	4083.831	1081.7364	26.49%

　　但同时应注意，清洁能源比例呈逐年下降的趋势，与新区一期起步区内用电负荷增加和用电结构改变有关。2015年和2016年新区一期起步区各用电类型统计见表3-4。

2015年和2016年新区一期起步区各用电类型统计　表3-4

年份	居民用电量（万kWh）	公共设施用电量（万kWh）	商业用电量（万kWh）	工业用电量（万kWh）	地源热泵用电量（万kWh）
2015	283.8704	18.65	17.27	173.9182	2244.214
2016	438.7785	22.9451	56.5351	46.6449	3518.9276

可以看出，地源热泵是该区用电的大户，2015年和2016年其用电量比例分别达到约81.97%和约86.17%。在这期间，光伏发电增长量仅约为6.65%（见表3-3相关数据），而地源热泵用电增长量则约为56.80%。所以，大宗用电部分增长量远高于清洁能源发电增长量，这可能是该区清洁能源发电占整体用电量比例下降的原因。根据2016年的数据，光伏发电自发自用电量为730.59万kWh，在除去地源热泵用电量后，居民用电、公共设施用电、商业用电及工业用电的总用电量为564.90万kWh，光伏发电供电比例约为129.33%。光伏发电系统整体发电量满足居民用电的需求，并有节余。

新区一期起步区地源热泵系统冬季耗热量达到21.26W/m^2，比节能65%的耗热量指标要高，需要通过提高运行效率降低耗热量，但与传统的燃煤锅炉供热相比，测算后仍可节省标准煤约2.96kg/m^2，具有较好的节能效果。新区一期起步区地源热泵系统制冷用电量指标为26.35kWh/m^2，比分体式空调能耗高，这与集中式地源热泵无法进行户内独立、分时控制的运行方式有一定关系，但与集中制冷采用常规冷水机组相比，能耗较低。

2. 太阳能光电系统

新区一期起步区通过合理利用储能系统、优化电流分配等，极大地提高了光伏用电中自用电的比例。如图3-1所示，2017年电网供电为2182.12万kWh，总用电量为2966.30万kWh，光伏发电量为1027.00万kWh，新区一期起步区自用电量为784.18万kWh，向电网输出电量为242.82万kWh，全年平均发电自用比例达到76.36%，光伏发电量占起步区整体用电量的比例为34.62%，远高于一般绿色生态城区的可再生能源比例指标为5%的要求。

可再生能源应用的一个主要问题是发电量和建筑用电量的时间特性曲线不匹配。由于吐鲁番太阳能全年辐照不均，供需两端的特性不能够完全匹配，没有做到完全的自产自用，因此在电能的管理上尚有提高之处。目前，光伏系统安装在293栋楼住宅楼屋顶，涉及屋顶面积6.1万 m^2，在2017年总发电量达到1027万kWh，平均光伏发电达到168kWh/m^2。另一方面，吐鲁番地区2015年的日照时数大约为2200h，平均功率输出量达到76W/m^2，假设全年平均日照辐射量为800W/m^2，则发电效率达到9.5%，属于平均水平。

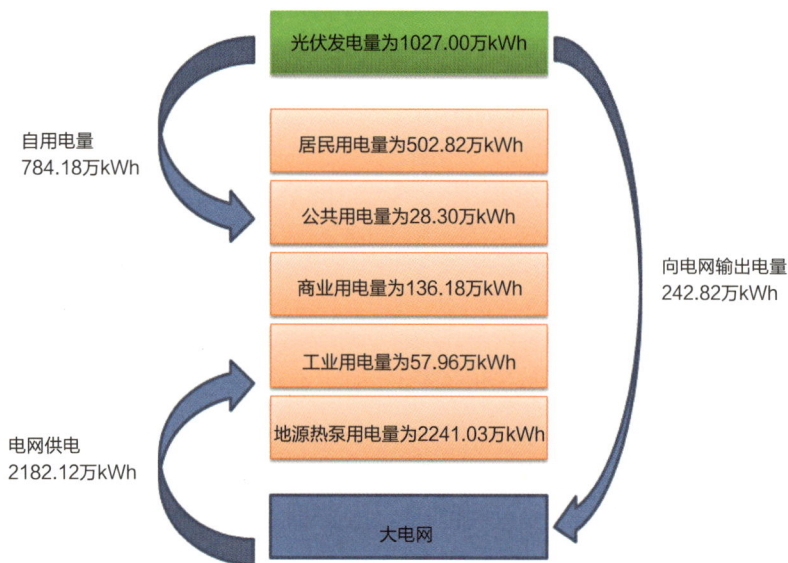

自用电量
784.18万kWh

电网供电
2182.12万kWh

光伏发电量为1027.00万kWh

居民用电量为502.82万kWh

公共用电量为28.30万kWh

商业用电量为136.18万kWh

工业用电量为57.96万kWh

地源热泵用电量为2241.03万kWh

向电网输出电量
242.82万kWh

大电网

图3-1

2017年新区一期起步区电能流通图

3. 太阳能光热系统

目前新区一期起步区所使用的为集中式生活热水系统，通过置于楼顶的蓄热水箱蓄存太阳能集热板所收集到的热量，用户侧则通过循环水泵24h运行，使热水在真空管中不断循环，将热量通过间接换热的方式送至各用户电辅热热水器中。

这种形式的系统在用户侧不间断循环的过程中产生了大量的散热，使得实际被利用的太阳能热大大减少，甚至出现所收集到的太阳能少于散热量的情况。这就使得各用户常开的电辅热水箱长期处于基本耗电的状态，甚至被循环水带走热量，不仅没有达到通过太阳能省电能的目的，反而大大增加了用户的生活热水能耗。用户水箱与集中热水间接换热的形式，实际上降低了热量传递的效率，同时当用户热水器设定温度高于集中热水温度的时候，还有可能会出现反向换热的情况，增加用户的热损失。根据住户所反映的月耗电水平估算，目前户均生活热水年用电量在600kWh以上。

（三）评估结论及建议

1. 不足及原因

（1）屋顶光伏系统实际容量较低，发电量有待提高

多数公共服务配套建筑屋顶未安装光伏发电系统，是光伏实际容量（9.918MW）低于规划容量（13.4MW）的原因之一。沙尘影响大、光伏板容量小及光伏系统清洗不便且费用高等因素限制了该系统的发电量。光伏发电系统和光伏供热系统不完全协调匹配，使得光伏发电量不能够完全满足区域供冷供热系统用电量，并且没有考虑通过冷水、热水蓄电的方式，导致蓄电成本上升，光伏发电不能完全自发自用。

（2）地源热泵系统运行效率低，收费方式有待改进

2017年地源热泵系统用电量约占总用电量的75.55%，但运行控制粗放，出现住户户内冬天室内温度过高，夏天室内温度过低的情况。新区一

期起步区自动控制系统未投入运行，无法对热泵、循环水泵运行能耗进行有效的控制，这也是热泵系统目前运行能耗较高的主要原因。同时，小户型户内也因节约造价，没有安装控制阀，导致住户无法调节送风大小，可控性差。地源热泵系统运行调试工作做得不够好，供冷及供暖的时间和温度与需求不匹配，导致住户户内夏季过冷、冬季过热，系统运行效率低，既浪费能源，又降低了舒适度。目前新区一期起步区冷热源系统收费方式采用面积收费且上封顶的计费方式，使过多消耗冷热量的用户不多支付供冷供暖费，易造成能源的铺张浪费。

（3）太阳能生活热水使用率低，未能充分利用太阳能资源

在评估过程中通过现场观察以及随机入户走访的形式，了解新区一期起步区集中式生活热水系统的运行情况，以及居民生活热水的使用情况。

根据实际查看结果、热力公司和随机走访住户的反馈情况，当时新区一期起步区内集中式生活热水系统的使用率几乎为零。各住宅单元均已安装该系统，但住户的接入率非常低，其原因在于当时居民入住率较低，各住宅单元的入住户数达不到当地物业公司对于入住率的要求，导致现有居民无法接入集中式热水系统。另外，由于现有的集中系统缺乏统一管理，导致已经接入用户的少量系统也由于电卡无人充电等原因，在调研时未运行。

新区一期起步区每户可分摊到的太阳能集热器面积为 $4m^2$，根据吐鲁番地区标准水平面辐射强度为 $1540kWh/m^2$，集热器效率为 0.45 计算，则每户全年可接收到的太阳能热水的热量为 2772kWh，远大于生活热水耗热量，这说明，新区一期起步区的居民生活热水问题是完全可以依靠太阳能解决的。

综上，如果在实际运行的过程中能够充分利用太阳能，而不是利用电能进行生活热水的供应，将会节省新区一期起步区近 40% 的居民生活用电量。

所以，应对新区一期起步区生活热水系统进行改造，加强管理，实现真正充分利用太阳能资源进行热水供应，从而减少电能的消耗。

2. 改进措施及对策

（1）完善其他区域光伏系统设计，提升公共建筑光伏系统安装比例，严格执行绿色建筑标准

考虑到公共建筑用电和发电高峰不一致的特点，应加强协调力度，对符合一定条件的公共建筑，按照绿色建筑标准进行规划、设计、建设和管理。在新建建筑中强制要求安装光伏系统，扩大可再生能源建筑应用规模，提高应用水平。

提高光伏系统运行维护水平，提高光伏系统发电效率。设计光伏系统时考虑清洗工作的便捷性和经济性，在屋顶预留清洗和维护通道；合理引导居民用电行为，通过科学管理提高光伏系统发电效率。

由于光伏发电出力曲线与负荷特性曲线不一致，导致光伏发电不能被完全消纳，建议进一步提高可再生能源发电的就地消纳比例：一是引入分时或峰谷电价机制等需求侧管理手段和负荷智能调控手段进一步降低负荷峰谷差率；二是适当增加储能容量，延长微电网内光伏发电与负荷就地平衡时间。

进一步提高微电网的运行控制水平和智能化水平。利用当前信息采集平台和气象预测系统，精准地预测可再生能源出力曲线和负荷曲线；依托能量调度系统和信息系统，充分调动一切可调资源（如可再生能源、响应负荷、网络重构等手段），进一步提高电网运行效率、源网荷协调运行水平和供电可靠性水平。

（2）促进地源热泵系统效率提升，从多方面进行优化改造

在运行模式方面，吐鲁番有充足的夏季低温地下水资源，夏季可采用地下水直供的方式供冷，以降低夏季用冷能耗和地下水循环量；同时，根据不同情景模式的分析，建议采用地下水地源热泵集中供热、分散式空调供冷的方式进行供热、供冷，以降低能源消耗量和运行成本。

在自动监控方面，加强运行管理工作，投入运行自动监测控制系统，同时完善户内控制阀，实现精准送风；加强系统运行调试工作，监测运行能耗

数据及温度、时间的需求，提高系统运行效率，对地源热泵、循环水泵运行能耗进行控制，改善目前区域冷热源系统运行能耗较高的现状，实现精准服务；建立健全系统管理人员岗位职责，加强对系统运行数据的采集和分析工作，及时完善系统运行能耗控制程序和管理策略。

在收费方式方面，因为目前新区一期起步区采用了较好的冷热计量体系，基本上科学地反映出各户应该分摊的供暖供冷费用。所以收费方式应改为多用多收费、少用少收费，并且上不封顶的收费方式，以引导居民用能习惯，减少浪费。

在运行工况方面，针对目前的运行状况，需要对蒸发冷凝两侧的流量进行调节，使得冬季蒸发器进出水温度在18～8℃，保持10℃进出水温差，冷凝器进出水温度在36～42℃，保持6℃进出水温差。保持夏季蒸发器进出水温度在16～10℃，保持6℃进出水温差，冷凝器进出水温度在18～32℃，保持14℃进出水温差。对于用户侧，在开启一台机组时，开启一台90kW用户侧大循环水泵，并通过水泵变频调节流量，使得进出水温差符合设计工况。开启两台机组时，可开启两台用户侧小循环水泵，同样通过变频调节流量，以达到设计工况的供回水温差。对于水源侧，水源泵不可变频，则通过关小流量调节阀以减少流量，必要时可减少水泵台数。通过以上调节，可减少约1/2的系统流量，将水泵能耗降低为目前的1/8，大大提高系统运行效率。同时，减少流量之后，夏季冷机冷凝器的出水温度提高，抬高了机组的冷凝温度，使得机组运行工况在节流阀的调节范围之内，提高夏季机组的运行COP至7。据此估算，改善两侧的供回水温度之后，冬夏的系统EER可大幅提高，这样结合末端需求量的减小，对优化后的系统能耗进行估计:在改变末端使用方式并且提高系统效率后，住宅地源热泵耗电量可从原来的2168.0万kWh降至833.8万kWh。地源热泵系统优化后能耗对比见表3-5。

地源热泵系统优化后能耗对比　　表3-5

指标	冬季	夏季
原EER	3.64	3.16
优化后EER	5.84	6.40
收费方式改变前后负荷比	0.80	0.33
原电耗（万kWh）	1428.00	740.00
优化后电耗（万kWh）	712.00	121.80

（3）主动计划，提高效率，改善太阳能生活热水使用状况

在太阳能生活热水方面，可通过系统改造的方式，解决目前集中式太阳能生活热水系统散热大、泵耗大、效率低的问题。目前有一种呼叫式恒温、恒压太阳能热水系统，在减少集中太阳能热水系统循环时间上有着显著效果，其系统原理如图3-2所示。

该系统与其他集中太阳能热水系统相比，最突出的特点是在每个用户卫生间门外设置一个有灯光显示的呼叫按钮。用户用水之前按一下按钮，按钮灯开始闪动，表明循环水泵已启动，当管路中的冷水全部置换为热水后，按钮灯改为长亮，此时可以打开水龙头使用热水了。采用立管入户的管路布置，在按钮灯长亮后，用户家中管道蓄积的冷水放水时间为3～7s。当所有水龙头关闭后，循环水泵延时5min自动关闭，减少了热水循环过程中的热量损失。

对于此系统的控制策略，还可以进一步优化：用户实际每次用热水量较少，当出热水后就可以关闭循环水泵了，这样可避免回水管内有热水散热，可以不必延迟5min后停循环水泵；或者将循环水泵安装在回水侧，只要测出水泵的温度高了，就可以关闭水泵，此时循环管内没有水流动，不影响用户用水。

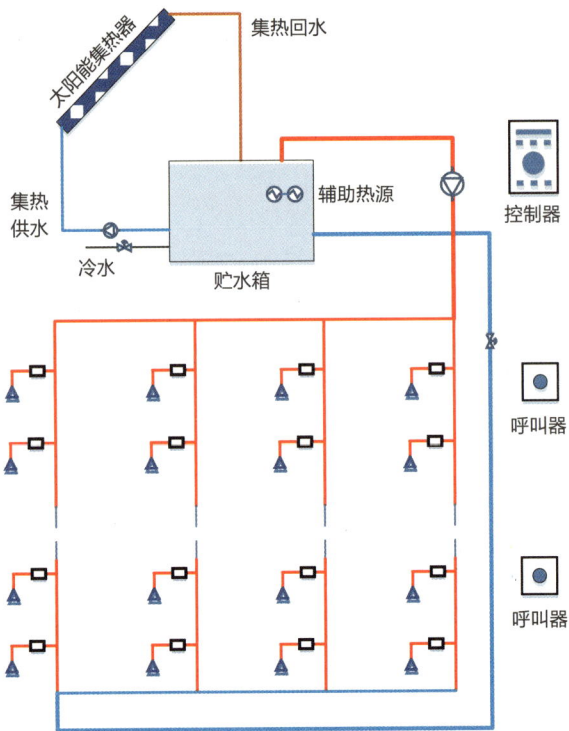

集热回水
太阳能集热器
集热供水
冷水
辅助热源
贮水箱
控制器
呼叫器
呼叫器

图3-2
呼叫式恒温、恒压太阳能热
水系统原理图

　　该系统水箱的设计遵循以下的原则：将水箱容量设定为系统正常日用水量的1.5～2倍，设定水位在水箱容量一般的位置上，将另一半容量留作太阳能生产热水之用，当太阳能充足，水箱内水温超过设定温度时，就向箱中补充冷水，提高水位，直到水箱中蓄满水；当太阳能不充足时，就维持水箱中一半的水位，依靠电补热维持设定温度。这种模式保证了优先充分利用太阳能，避免了太阳能不充足时过多地补热，以及太阳能充足时水箱水温过高导致集热效率大大降低的问题。

　　所以，基于新区一期起步区现有的集中式太阳能热水系统，可以稍做改造，更换更大的蓄水箱，将各户的连接方式改变为直连，并安装呼叫控制系统，这样就可以大大减少循环散热量，即使在入住率较低的情况下也可以保证太阳能生活热水系统的高效，改变目前主要使用电热水器的现状，降低家庭用电量。

三、低碳发展评估

（一）评估方法

在梳理国内外低碳评价理论方法和实践的基础上，利用目标对比法、碳平衡分析方法分别评估吐鲁番市新区规划的节能低碳规划目标先进性，并结合新区一期起步区的实际完成情况进行规划实施后的能源系统、低碳及减排效果评价。在此基础上，总结项目经验和不足，并提出进一步的改进措施及对策。

（二）评估结果

1. 碳源碳汇核算

在评估能源系统基础上，计算新区一期起步区通过规划设计和不同技术手段所产生的当前阶段的碳源碳汇总量，其中碳源主要为使用电力产生的间接排放，包括产业消耗、基础设施消耗、居民生活等，碳汇主要为地表绿化产生的碳吸收。

新区一期起步区电力来源包括光伏发电和大电网补给电量，光伏发电为清洁能源，故大电网补给电量碳排放即为该区碳源，可用下式计算：

$$电量碳排放量=电量 \times 电量排放因子$$

此处电量排放因子采用《2015年中国区域电网基准线排放因子》中西北区域电网的电量边际排放因子，为0.9457tCO$_2$/MWh。新区一期起步区2015年碳排放量为16318.00tCO$_2$，2016年碳排放量为28389.91tCO$_2$，见表3-6，2016年碳排放量相对于2015年增长约74%。

新区一期起步区2015、2016年碳排放量　　　　表3-6

年份	计算补给电量（万kWh）	碳排放量（tCO$_2$）
2015	1725.63	16318.00
2016	3002.06	28389.91

　　基于本项目数据限制，只对新区一期起步区的碳汇量进行核算，参考新疆塔城地区6～8年龄人工乔木林（杨树）平均固碳系数（杨艺渊等，2011），计算新区一期起步区2015年碳汇量，见表3-7。

计算新区一期起步区2015年碳汇量　　　　表3-7

规划后	一期绿化面积（hm^2）	固碳能力[t C/（hm^2·a）]	总碳汇量（tC/a）
一期工程碳汇	42.33	0.9026	38.21

*由于缺乏详细的绿化数据，一期绿化面积由所有规划面积按比例分配计算。

2. 光伏发电减排量

1）技术运行概况

　　新区一期起步区微电网系统的光伏发电项目于2012年4月开工建设，2014年10月全部投入运行。目前，该系统安装在293栋住宅楼屋顶，利用屋顶面积约为6.12万m^2。微电网光伏发电主要供给附近的居民建筑。

2）技术减排量核算

　　光伏发电不产生气体排放，SO$_2$、CO$_2$排放减少量用发电量乘以排放因子计算，计算公式如下：

$$F_p = E_n \times E_r$$

　　式中，F_p——SO$_2$、CO$_2$排放减少量（t）；E_n——新能源发电量（万kWh）；E_r——排放因子。

　　其中，CO$_2$使用西北区域电网的电量边际排放因子，为0.9457tCO$_2$/MWh，

SO_2使用折算系数，此系数按照供电煤耗0.318kgce/kWh将光伏发电量折算成标准煤后，再折算出SO_2排放量。根据国家发展和改革委员会发布的资料，1t标准煤燃烧产生的SO_2量为8.5kg，故计算可得E_r（SO_2）=2.70×10^{-3}t/kWh。

3）技术减排量现状分析

2014～2016年新区一期起步区光伏发电量及减排量见表3-8。

2014～2016年新区一期起步区光伏发电量及减排量　　表3-8

年份	光伏发电量（万kWh）	节约标准煤（t）	减排SO_2量（t）	减排CO_2量（t）
2014	752.63	2393.36	20.32	7117.62
2015	1014.28	3225.41	27.38	9592.02
2016	1081.74	3439.93	29.21	10229.98

2014～2016年光伏发电的SO_2和CO_2减排量均逐年增加。其中，2016年CO_2减排量比2014年增长约43.73%。

3. 地源热泵减排量

1）技术运行概况

新区一期起步区共设有5座热泵机房（1～5号机房），最小的热泵机房服务面积为14万m^2，最大的热泵机房服务面积为19万m^2。2013年冬季至2015年2月地源热泵项目运行了3个供暖期和2个供冷期，2015年该区地源热泵用电量为2244.214万kWh，供热制冷面积分别为45万m^2和23万m^2。

2）技术减排量核算

地源热泵技术减排量利用供热和制冷不同工况下的节约标准煤量计算废气减排量。

由于目前只进行了地源热泵夏季能效测评，未进行冬季能效测评，因此，将地源热泵供热节煤量与锅炉供热进行对比，将地源热泵供冷节煤量根据能效测评报告与常规水冷冷水机组（*COP*取2.8）进行对比。地源热泵在供热和制冷状态下，单位面积节约标准煤分别为2.96kg/m²和0.22kg/m²。

3）技术减排现状分析

2015年该区地源热泵共节省标准煤1382.60t，SO_2减排11.75t，CO_2减排3719.19t。

（三）评估结论及建议

1. 评估结论

从前面的数据可以看出，虽然项目尽可能地采取了清洁能源，减少了35%以上的碳排，但是由大电网补给的电量仍产生大量的碳排放。而本地的绿化碳汇几乎可以忽略不计。

从可再生能源利用及微电网建设等方面的创新来看，取得如下成果：将"气象测量"与"微网调度"密切结合，建立太阳能观测站，开展太阳能发电气象条件预报；运用绿色交通储能系统平衡微电网供需，针对当地实际情况进行绿色交通体系及电动车使用研究；太阳能光热系统利用可再生能源满足居民生活热水的需求。合理利用屋顶空间和当地太阳能，节能环保；太阳能光电系统取得了较高的自用比例和利用率，极大地减轻了对电网的依赖，为今后可再生能源的应用提供了宝贵经验；将城市规划、绿色建筑、气候预报、智能微网、绿色交通等领域高度整合，建立新型的能源体系和管理模式。成为国内第一个智能光电微网试点项目。

总体看，该新区致力于实现和谐生态的发展方式，大力发展光伏发电、地源热泵和新能源汽车等节能减排新技术，是在吐鲁番特殊地理环境下的大胆尝试，也是对因地制宜进行可持续发展的积极探索，取得了较为明显的节能减排成效，未来也仍有一定的上升空间。

2. 不足及原因

由于缺少系统完整的减排数据清单，无法全面评价其节能减排效果。绿色交通及地面绿化都是节能减排的重要达成手段，但目前缺少相关的数据清单，无法全面准确地对其节能减排效果进行评价。尤其对绿色交通发展特色尚未充分落实。吐鲁番夏季气温过高，考虑到国内对适应这样高温条件电动交通电池的安全问题，纯电动公共汽车尚未进场。由于地源热泵的运行效率问题，造成其用电量过大，无形中增加了碳排放。另外，居民的生活方式和行为也有浪费的情况。

3. 改进措施及对策

编制全面的碳排放数据清单，为"需求侧优化组合"和整体效率提升提供基础。增加绿色交通和绿化碳汇数据，建立详细的清单，充分发展和利用已有新能源相关基础设施，实现"需求侧优化组合"，提升整体运行效率。目前电动公交车，由于电池在夏季高温下可能存在着爆炸自燃的问题，所配备的蓄电池容量较小，所以需要找到匹配适应当地气候条件的纯电动公交车，或者发展混合动力汽车，提高车辆的续航能力，提高公共交通系统运行的经济性。

对地源热泵补充进行优化，运用宣传鼓励和精细化管理手段相结合，推动行为节能。

四、环境绩效评估

（一）评估方法

以住房和城乡建设部于2015年11月10日印发的《住房城乡建设部办公厅关于印发城市生态建设环境绩效评估导则（试行）的通知》（建办规〔2015〕

56号）为依据，制定新区一期起步区生态环境评估指标体系，以客观评估其改善城市生态环境质量的实际效果，并提出改进措施及对策。

评估指标体系按照目标层、路径层、指标层和标准层构建评估体系框架，吐鲁番市新区生态环境评估体系框架如表3-9所示。

吐鲁番市新区生态环境评估体系框架　　　　表3-9

目标层	表示对生态城市的总体要求 对生态城战略实施动态调控的总体把握
路径层	从系统的观点对生态城的总体目标分析 根据实现的路径按层次和阶段加以界定
指标层	通过对生态城实现路径的分析，找出不同层次的关系，筛选出有代表性的指标
标准层	采用易得的、可测的、可比的要素及要素群，全面系统地对生态城进行定量的评价，确定目标体系的标准目标值

依据《城市生态建设环境绩效评估导则（试行）》中提出的土地利用、水资源保护、局地气象与大气质量、生物多样性4个关键环境影响类别，新区一期起步区生态环境评估指标体系（表3-10）在综合分析新区的环境影响特征、环境保护目标、实际环境效益基础上，选择具有典型代表性的具体量化指标，在评估指标的选择上体现综合性和可量化两个特点。

新区一期起步区生态环境评估指标体系   表3-10

目标层	路径层	指标层
生态环境健康	土地利用和修复	已修复治理土地比例
		建成区绿地率
	水资源利用保护	水适应技术应用
		优化水资源配置
	局地气象和空气质量	SO_2、CO_2排放减少量
		可再生能源使用比例
		绿色建筑比例
		城市慢行道路覆盖情况
		生态冷源面积比
	生物多样性	植物物种丰富度
		本地木本植物指数

同时，评价指标的选择注重：①注重环境监测的实际效果，建立数据库，开展纵向和横向比较。②注重评估指标的因地制宜，不套用统一的评估指标。因地制宜地选择有综合性、包含信息多的环境评估指标，用尽可能少的指标针对性地反映对全局具有关键影响的环境状态。③注重环境状况的综合评估。选择一项或数项体现地域代表性特色的指标开展评价。④注重环境评价结果与公众感知保持一致。协调政府、科研机构与公众环境认知，选择居民能够直接感受到的环境效果作为评估城市生态的标准。

在评估指标的选取上，由于土地整理改良全部用于绿化建设，选取已修复治理土地比例作为评估指标，反映新区一期起步区土地整治和绿化的环境绩效。水资源利用和保护主要体现在水资源开发利用与水环境评价方面进行。局地气象和空气质量方面，提高大气质量的核心是降低污染物排放。新区住宅能耗完全由清洁能源供给，太阳能供电替代煤电，大幅度降低污染物排放量，有效减少因区域的建设而带来的对大气质量的影响，在能源利用与节能减排方面，具有典型代表性，另外在沙漠地区，生态冷源可以通过蒸发或蒸腾带走热量，降低温度，改善局部气象条件。因此，选择的指标主要有可再生能源使用比例、绿色建筑比例、城市慢行道路覆盖情况、生态冷源面积比等指标进行量化。物种多样性从植物物种丰富度和本地木本植物指数两个指标开展评估。本地植物经过长期的自然选择及物种演替后，对某一特定地区有高度生态适应性，具有抗逆性强、资源广、苗源多、易栽植的特点，不仅能够满足当地城市园林绿化建设的要求，而且还代表了一定的植被文化和地域特色。生态环境评价指标及指标含义见表3-11。

生态环境评价指标及指标含义   表3-11

指标名称	指标含义	计算方法
已修复治理土地比例	已修复治理土地比例是指改良土地面积占区域规划面积的百分比，已改良土地面积以绿地面积计算	$R = \dfrac{R_d}{R_a} \times 100\%$ 式中　R——已修复治理土地比例（%）； 　　　R_d——已改良土地面积（hm^2）； 　　　R_a——区域用地面积（hm^2）
建成区绿地率	指在城市建成区的园林绿地面积占建成区面积的百分比	

指标名称	指标含义	计算方法
可再生能源利用比例	可再生能源利用比例是指可再生能源利用总量占区域能源利用总量的比例。可再生能源利用总量根据区域内光伏发电、风力发电等新能源发电量计算，能源利用总量按照区域内全部用电量计算	可再生能源利用比例采用下列公式计算： $F_n = \dfrac{E_n}{E_D} \times 100\%$ 式中　F_n——可再生能源利用比例（％）； 　　　E_n——区域内可再生能源发电量（万kWh）； 　　　E_D——区域内全部能源发电量（万kWh）
SO_2、CO_2排放减少量	SO_2、CO_2排放量降低率	$F_p = E_n \times E_r$ 式中　F_p——SO_2、CO_2排放减少量（kg、t）； 　　　E_n——新能源发电量（万kWh）； 　　　E_r——折算系数（kg/kWh、t/kWh） 折算系数根据可再生能源发电量、按照供电煤耗0.318kgce/kWh折算成标准煤后，再折算SO_2、CO_2排放量。根据国家发展和改革委员会发布的资料，1t标准煤燃烧产生的SO_2为8.5kg，1t标准煤燃烧产生的CO_2为2.69t。$E_r(SO_2) = 0.318 \times 8.5 \times 10^{-3} \approx 2.70 \times 10^{-3}$（kg/kWh） $E_r(CO_2) = 0.318 \times 2.69 \approx 0.86$（kg/kWh）
绿色建筑面积比	城镇绿色建筑占新建建筑比例	绿色建筑面积比＝绿色公共建筑面积÷新建公共建筑面积×100%
慢行交通系统覆盖率	慢行交通网络覆盖的面积占区域面积的比例	
生态冷源面积比	生态冷源面积比是指水体、林地、农田、城市绿地等生态冷源在生态城区中所占的面积比	
植物物种丰富度	植物物种丰富度是指一个区域内植物物种丰富的程度	植物物种丰富度＝植物物种数量 其中，纳入植物物种丰富度统计的植物种类，每种植物数量不小于50株

指标名称	指标含义	计算方法
本地木本植物指数	本地木本植物指数是指区域内全部木本植物物种中本地植物种类所占比例。本地木本植物是指原有天然分布或长期生长于本地，适应本地自然条件并融入本地自然生态系统，对本地区原生生物物种和生物环境不产生威胁的木本植物。本地木本植物应包括：①在本地自然生长的野生木本植物种及其衍生品种；②归化种（非本地原生，但已逸生）及其衍生品种；③驯化种（非本地原生，但在本地正常生长，并且完成其生活史的植物种类）及其衍生品种，不包括标本园、种质资源圃、科研引种试验的木本植物种类	本地木本植物指数=本地木本植物物种数（种）/木本植物物种总数（种） 其中，纳入本地木本植物种类统计的每种本地植物应符合每种种植数量不应小于50株的群体要求

（二）评估参考目标

《吐鲁番市新区总体规划（2009—2020）》的环境保护规划中提出，要"坚持生态保育、生态恢复与生态建设并重的原则，将吐鲁番市新区建设成为生态良好、人与自然和谐、经济社会全面协调、可持续发展的生态城区。"同时，综合生态适宜性、工程地质、资源保护等方面因素，规划将明确划定禁止建设地区、限制建设地区和适宜建设地区，用于指导新区一期起步区开发建设行为。到2015年，城区环境质量基本达到国家标准，全区生态状况继续好转。《吐鲁番市新区总体规划（2009—2020）》中生态环境相关指标见表3-12。

《吐鲁番市新区总体规划（2009-2020）》中生态环境相关指标　表3-12

指标名称			2010年	2015年	2020年	2030年	指标类型
资源指标	水资源指标	地区性可利用水资源（亿m³）	3.38	3.38	3.38	3.38	约束型
		万元工业增加值耗水量（m³）	84.4	45	43	30	约束型
		水平衡（用水量与可供水量的比值）（%）		1	1	1	约束型
	能源指标	单位GDP能耗水平（tce/万元）	2	1.8	1.5	1.2	约束型
		清洁能源及可再生能源使用比例（%）		20	35	50	预期型
	土地资源指标	城市人均建设用地面积（m²）	178	166	150	145	约束型
		中心城区绿化覆盖率（%）	32.9	35	38	40	约束型
环境指标	生态指标	环保和生态建设投入占GDP总量比例（%）	1.2	2	2.5	3	预期型
	污水指标	中心城区污水处理率（%）	71.4	90	98	100	约束型
		资源化利用率（%）	45	50	55	65	预期型
		COD排放削减指标（%）	以2010年数据为基数	控制在国家下达的指标内			约束型
		NH₃-N排放削减指标（%）					约束型
	垃圾指标	无害化处理率（%）		90	95	98	约束型
		垃圾资源化利用率（%）		50	60	70	预期型
	大气指标	单位GDP CO₂排放下降（%）		17	15	18	约束型
		工业SO₂排放削减指标/年（%）		控制在国家下达的指标内			约束型
		NOₓ排放削减指标（%）					约束型

指标名称			2010年	2015年	2020年	2030年	指标类型
节水型城市	生活节水	节水型居民小区覆盖率	5%	20%	30%	60%	约束型
		节水型器具普及率	100%	100%	100%	100%	约束型
	工业节水	工业用水重复利用率	80%	85%	90%	90%	约束型
		节水型企业（单位）覆盖率	20%	30%	40%	60%	约束型
	其他指标	其他节水指标	达到国家节水型城市相关标准				约束型

根据指标体系，整理吐鲁番市新区规划具体目标分为以下几个方面：

1．土地利用及绿化

吐鲁番市新区虽然用地条件较为充裕，但从城市建设的经济性出发，应采用适度的集约发展模式，综合考虑环境、就业、居住、交通、市政基础设施等多种因素，按照集约、高效、适居的理念进行用地规划布局，因此规划将建设用地控制在120m²/人之内。用地布局符合组团布局、公交引导、混合使用及公共利益优先原则，吐鲁番市土地利用原则及含义见表3-13。

吐鲁番市土地利用原则及含义 表3-13

原则	含义
组团布局	依据步行和非机动车的出行距离，采用组团式布局，通过生态廊道界定组团边界
公交引导	依托小运量公交系统引导土地开发，沿交通站点周围适当提高开发强度
混合使用	充分利用现有地形，综合考虑土地使用、交通组织，通过平面和竖向的合理设计，减少土方挖填，实现高效的土地使用，创造丰富的城市景观
公共利益优先	保障公益性用地，保障绿地公园的公共性和开放性

2. 水环境

参考《吐鲁番市城市总体规划（2013–2030）》近、中、远期的内容，集中式饮用水水源水质达标率均为100%；城区生活污水集中处理率分别达到90%、98%和100%以上；工业废水达标排放率均达到100%。其中近期为2012～2015年；中期为2016～2020年；远期为2021～2030年；远景为2030年以后。

3. 大气环境

参考《吐鲁番市城市总体规划（2013–2030）》，城市规划区的环境空气质量均达到国家三级标准以上。2020年，空气质量指标在全年绝大部分时间内满足国家标准；规划全市化学需氧量、二氧化硫、烟尘、工业粉尘排放总量削减率均不低于40%，全市氨氮排放总量削减率约20%。

4. 固体废弃物

参考《吐鲁番市城市总体规划（2013–2030）》，生活垃圾无害化处理率分别达到90%、95%和98%，危险废弃物安全处置率均达到100%。

（三）评估结果

基于新区一期起步区的实际建设情况，分别对生态环境评估指标体系中的指标进行计算，结果如下：

1. 土地利用及绿化

新区一期起步区位于吐鲁番市老城东部戈壁滩地，用地面积约为8.81km^2。地形地貌以山前洪积扇平原为主，北高南低，海拔在30～100m。基地内没有居民，仅有一个收费站，以戈壁荒滩地为主，北部山脚下有少量耕地。针对起步区现状用地特点，坡度较合适，且位于戈壁滩地，用地条件宽松。

吐鲁番市新区地处吐鲁番盆地，气候极为干旱，地势相对平坦，土壤类型为砾质棕漠土，多处深坑显示为5m以上沙砾质洪积物，属于戈壁地区。建设前，新区一期起步区西北有葡萄种植地，少量绿化小树和规划绿化带等，呈零星分布，没有规模。新区项目规划总用地面积8.81km²，规划分三期建设，一期建设用地规模为2.86km²，二期建设用地规模为3.86km²，三期建设用地规模为2.09km²，规划2020年完成。目前建成的新区一期起步区，总面积1.43km²，在起步区建设中通过外运土壤对区内规划绿地土壤进行改良整治，到2015年年底，总计换填土方285.5余万m³，种植乔木96000余棵，种植灌木300余株，完成居住区绿化面积和城市公共绿化面积共计53.32公顷，已修复治理土地比例为36.36%。由以上结果可以得出，新区一期起步区建设后，通过外运土壤的改良作用，大幅度提高了新区的地表绿化覆盖率，减少土壤裸露，提高土壤抗风蚀能力，是改善区域局部生态环境的关键举措。

2. 建成区绿地率

绿地土壤改良整治后，新区一期起步区的绿地率为36.36%。根据2008年全国660个设市城市建成区的绿地率统计数据显示，660个城市的绿地率平均值为31.30%，其中110个国家园林城市的绿地率平均值为36.84%，抽样统计的非园林城市绿地率平均值为29.80%。《城市园林绿化评价标准》GB/T 50563-2010要求建成区绿地率Ⅰ级≥35%，Ⅱ级≥31%，Ⅲ、Ⅳ级≥29%。可以看出，起步区绿地建设不仅实现了从无到有的飞跃，而且达到了《城市园林绿化评价标准》中的Ⅰ级要求。

3. 城市慢行道路覆盖情况

结合地方特色，充分利用沟渠（坎儿井）、城市绿廊（如葡萄廊）建设庭院式的慢行街道，建设空间上独立的城市慢行交通走廊和社区慢行道，串联各社区中心和主要交通集散点，引导慢行交通成为居民内部出行的首选。路网建设方面，突出慢行路网的建设，慢行廊道优先成网，其他慢行道补充加密，深入社区，通过慢行系统将各公共服务中心、主要景观和主要居住带串联。目前路网建设部分基本按规划进行。

4. 水资源及水资源配置优化

吐鲁番地区降水量少，蒸发能力强，水资源无法依赖本地降水，山区降雨和雪融水是水资源的唯一补给源。吐鲁番市共有五条较大河，从西向东依次为大河沿河、塔尔朗河、煤窑沟河、黑沟河、恰勒坎沟河。五条河均发源于北部天山山脉东部博格达峰南侧。五河集水面积为1949km^2，吐鲁番市五河流域面积为15283km^2。

吐鲁番市水源来自大河沿地下浅水通过渗管和暗渠至水厂清水池，重力流至高区管网，经减压送至低区管网，水厂实际供水能力为4万m^3/日。吐鲁番市用水主要以生活用水和农业灌溉用水为主，农业灌溉用水占总用水量的90%以上。在新区北部火焰山还建有葡萄沟水库，设计库容为1000万m^3，现蓄水500万m^3，供新区及葡萄沟乡用水。一方面，新区内利用"坎儿井"输水，减少水体蒸发损失，保证水体不受污染；另一方面，利用北部的葡萄沟水库，将水库水引入新区，通过穿城而过的地下或半地下水系（6条水渠）营造城市滨水景观带。

到2015年年底，市政供排水一、二期共铺设供水管线44.3km、排水管线39.5km、绿化管线78.8km，完成工程投资9676万元，满足了新区居民饮用水及小区绿化用水需求。针对新区园林绿化水量不足的问题，制定增水方案，投资130万元实施新区园林绿化引水工程，利用自然规律（坎儿井灌溉的农业用水）在月光湖西湖面引水，修建一座水泵房，安装一台125kV的变压器，引用月光湖湖水作为国道G30沿线林带及新区小区的绿化用水。工程投入使用后可每日增加园林绿化用水1.2万m^3，能有效地解决绿化用水不足的问题。小区配套已完成42个室外供（排）水及绿化管网工程，满足了新区居民饮用及小区绿化用水的需求。

通过新区引水工程建设，戈壁滩上的沙坑、垃圾场被改造成水韵绿地美景，不仅极大地改善了新区绿化供水紧张的情况，也起到晾晒绿化浇灌用水的作用，提升了新区的生态环境质量，同时，也为居民生活提供了休闲娱乐的场所，营造了良好的人居环境。

5. 水环境质量分析

天山出山雪水通过多年的水质监测分析，显示未受到任何人为污染，属于清洁水源。根据历年来对城区三条坎儿井上、中、下游水质监测结果表明，坎儿井上、中游水质较好，属未受污染的一级水质，下游坎儿井出水即明渠水质受到污染，适用于农业灌溉用水。2010年全市城市生活污水排放总量为324万t，集中处理率为100%。重点工业企业废水排放总量为2.28万t。

6. 大气质量

2010年，吐鲁番市整体环境质量较差，大气污染物总悬浮微粒污染大，一年四季浓度超标，由于易受沙尘天气的影响，导致当地风沙弥漫，春季空气质量较差。吐鲁番市冬季SO_2和NO_2的浓度高，与供暖期燃煤影响有关。吐鲁番市空气质量年均值达到国家三级标准，城市环境空气质量达到Ⅰ、Ⅱ级日数占全年日数的80.3%，Ⅲ级日数占全年日数的15.6%，Ⅳ、Ⅴ级日数占全年日数的4.1%。2010年，重点工业企业烟尘排放总量为5615.77t，其中：二氧化硫排放达标率为42.53%，粉尘排放达标率为1.84%。

吐鲁番市新区一期起步区太阳能光伏发电项目2015年减排$SO_2$27.38t，减排$CO_2$9592.02t，地源热泵减排$CO_2$3719.19t，减排$SO_2$11.75t，具有较好的节能减排效果。

7. 可再生能源利用比例

太阳能发电是一种清洁的可再生能源，太阳能发电和火力发电相比，在提供能源的同时，不排放烟尘、SO_2、CO_2和其他有害物质。本项目投入运营后，提高了太阳能发电等新能源的应用比例，有效地减少了SO_2、CO_2等污染物排放，具有明显的环境效益，有利于缓解环境保护压力，实现经济与环境的协调发展，节能和环保效益显著。

2015年光伏发电量为1014.28万kWh，2015年全部用电量为2737.923万kWh，因此，新区一期起步区光伏发电量约占全部用电量的37.05%，大大减少了城市发展对化石能源的依赖，提高了新能源利用在城市能源消费中的占比，增强了城市可持续发展的能力。

8. 绿色建筑比例

规划总建筑面积为75.40万m^2，其中住宅建筑面积为68.64万m^2，实际建设住宅建筑面积为68.56万m^2。新区一期起步区住宅建筑设计遵循绿色理念，优先采用被动式设计，减少对能耗的需求。同时，采用太阳能建筑一体化，建筑屋顶采用坡屋顶，在坡屋顶铺设太阳能光电板，太阳能光伏电板面积力求在坡屋面上最大限度地铺设。新区一期起步区绿色建筑比例达90%以上。

9. 生态冷源面积比

吐鲁番的蒸发率较高，植物的蒸腾作用以及从覆盖植物的土壤中蒸发的水汽可以降低气温、提高湿度，发挥"冷岛"效应。因此，城市绿色荫凉空间（包括街边绿地、社区公园等）对该地区的气候影响显著，但需要根据水资源条件挑选耐旱植物，尽量以葡萄等乡土原生植物为主。根据新区一期起步区植被绿化情况，可知生态冷源面积比为36.36%。

10. 植物物种丰富度

吐鲁番市新区原址地表无植被覆盖，呈裸地状。多处探坑显示为5m以上沙砾质洪积物，仅在灌溉干渠零星分布榆树、麻黄草、盐穗木等植物。在新区一期起步区建设中，通过土地修复治理，植物生境得到改良，种植乔木96000余棵，灌木300余万株，植物种类68种（含品种）。由此，与建设前相比，新区一期起步区的植物物种丰富度得到极大提高。

11. 本地木本植物指数

吐鲁番市新区原址零星分布有榆树、盐穗木等原生植物，本地木本植物指数为1。经过土壤改良后，新区一期起步区植物生境得到极大提高，大量的外来植物、园艺新优品种得以应用，但本地木本植物指数有所降低。经过计算，新区一期起步区有木本植物46种，包括本地植物21种，外来植物25种，本地木本植物指数为0.46。住房和城乡建设部在《国家园林城市标准指标体系》中规定：本地木本植物指数≥0.80（基本项），≥0.90（提升项）。《城市园林绿化评价标准》GB/T 50563-2010中要求≥0.90（城市园林绿化Ⅰ级），≥0.80（Ⅱ级），≥0.70（Ⅲ、Ⅳ级）。由以上结果可以看出，新区一期起步区建设后，植物物种丰富度得到极大提高，但本地木本植物指数还有待于进一步提高。

（四）评估结论及建议

1. 评估结论

土地利用和修复：通过评估，新区建设前几乎没有规模化植被覆盖；一期建设土地改良后，植被覆盖率达到36.36%。从这一指标可以看出，新区一期建设后，土地整治力度较大。通过外运土壤的改良作用，大幅度提高了新区的地表绿化覆盖率，减少土壤裸露，进而提高土壤抗风蚀能力，绿地得以建设，植物得以生长，生态环境质量得到极大提高，外运土壤改良戈壁土壤是改善区域局部生态环境的关键举措。

水资源利用和保护：吐鲁番水资源相对匮乏，但是新区完成了园林绿化引水工程，从水库引水至人工湖，改造戈壁滩上的沙坑、垃圾场成为水韵美景，并用晾晒后的人工湖湖水作为国道G30沿线林带及新区小区的绿化用水，极大地提升了新区的生态环境质量，通过优化水资源配置，提高了水资源对新区社会、生态的承载能力。

局地气象和空气质量：吐鲁番市环境整体控制质量较差，由于易受沙尘天气影响，当地风沙弥漫，春季空气质量较差，大气污染物总悬浮微粒值大。由于供暖期燃煤，吐鲁番市冬季SO_2和NO_2的浓度高。新区一期起步区项目投入运营提高了太阳能光伏等新能源的应用比例，有效地减少了SO_2、CO_2等污染物排放，具有明显的环境效益，有利于缓解环境保护压力，实现经济与环境的协调发展，节能和环保效益显著。2015年，新区一期起步区太阳能光伏发电量占全部用电量的37.05%，大大减少了城市发展对化石能源的依赖，提高了新能源利用在城市能源消费中的占比，增强了城市可持续发展能力。2015年，新区一期起步区太阳能光伏发电项目可减排SO_2约27.38t，减排CO_2约9592.02t，具有较好的节能减排效果。另外地源热泵、绿色交通和绿色建筑也大大减少了污染物的排放。新区一期起步区的植被等生态冷源降低局地地表温度，改善局地气象条件。

生物多样性：经过土地治理后，植物生境得到极大改善；通过人工种植，区域植物物种丰富度极大提高，对于区域小环境改善、实现稳定的微生态系统具有良好的推动作用。

2. 改进措施及对策

新区的绿化系统仍然有待进一步优化完善。此外，与国内其他城市及示范区建设前相比，新区目前存在着本地木本植物指数偏低的问题。水资源利用效率和水平要有进一步提升。

建议着重做好：

（1）保护现有改良土地，培肥土壤，防止改良的土壤退化。在二、三期建设中注意减少对土壤扰动，因地制宜地采取土地治理措施，增加地表覆盖率，减少土壤风蚀。

（2）完善新区中央公园及水系、绿化带建设，完善新区绿道系统，适度增加文化景观设施与健身游憩设施，为居民创造舒适宜人的公共活动空间。

（3）加强对区域物种多样性及生态环境承载力研究，依照地带性自然群落的组成与结构进行合理配置，以获得最大的稳定性和生态效益。建设以乡土植物为主体的绿地环境，加强外来物种管理，并在现有的基础上，进一步提高乡土植物应用比例。

（4）研究水环境水资源对区域社会经济发展的基础性支撑能力。继续加强节水城市建设，调减地下水开采量，确保对有限水资源的可持续利用；加强集约、高效的绿化灌溉系统建设以节约用水；加快再生水系统建设进度，提高非传统水资源利用效率，建立本地的高效用水循环体系。

第四章

建成实录

一、项目批复文件

1. 新疆维吾尔自治区人民政府关于同意将吐鲁番市新区列为自治区和谐生态城区和城乡一体化示范区的批复（新政函〔2009〕51号）。

2. 新疆维吾尔自治区人民政府关于吐鲁番市新区总体规划的批复（新政函〔2009〕169号）。

3. 国家能源局关于新疆吐鲁番市新区创建国家新能源示范城市的复函（国能新能〔2010〕107号）。

4. 国家发展改革委国家能源局 国家电监会关于新疆吐鲁番新能源城市微电网示范项目的批复（发改能源〔2012〕188号）。

二、专利与获奖

1. 用于城市住区的太阳能规模化利用系统——实用新型专利 ZL 2013 2 018703.0。

2. 基于太阳能规模化利用的新能源城市研究——2013年度北京市科学技术奖三等奖。

3. 分布式能源微网研究与应用——2015年华夏建设科学技术奖三等奖、2015年中国质量评价协会科技创新奖——科技创新成果优秀奖。

4. 住房和城乡建设部颁发的三星级绿色建筑设计标识证书（2015年1月28日）。

5. 吐鲁番市新区总体规划（2009-2020）——2011年度全国优秀城乡规划设计二等奖、2011年新疆维吾尔自治区优秀城乡规划设计一等奖、2011年度广东省优秀城市规划设计二等奖。

三、影响与宣传

1. 国家新能源示范城市吐鲁番太阳城宣传片。
2. 国家新能源示范城市吐鲁番太阳城宣传册。
3. CCTV13 新闻直播间—新能源之城。
4. CCTV9 纪录片—《红线》碳排放。
5. CCTV10 走进科学—光伏新城。

四、实录照片

见图4-1～图4-33。

图4-1

航拍照片1

图4-2

航拍照片2

图4-3

慢行廊道葡萄架照片

图4-4

公共汽车充电站照片

图4-5

街景照片1

图4-6

街景照片2

图4-7

街景照片3

图4-8

街景照片4

图4-9

街景照片5

图4-10

街景照片6

图4-11

街景照片7

图4-12

街景照片8

图4-13

小区内景照片1

图4-14

小区内景照片2

图4-15

小区内景照片3

图4-16

小区内景照片4

图4-17

小区内景照片5

图4-18

小区内景照片6

图4-19

小区内景照片7

图4-20

小区内景照片8

图4-21

小区内景照片9

图4-22

小区内景照片10

图4-23

小区内景照片11

图4-24

小区内景照片12

图4-25

小区内景照片13

图4-26

小区内景照片14

图4-27

小区内景照片15

图4-28
小区内景照片16

吐鲁番市新区新能源示范项目建设实施与运行评估

图4-29
小区内景照片17

图4-30
小区内景照片18

图4-31

住宅室内照片1

图4-32

住宅室内照片2

图4-33

住宅室内照片3